Eine römische Dichterin gibt das erste Katzenporträt der Kunstgeschichte in Auftrag, eine Autorin aus der Schweiz reist mit ihrer Katze 3 500 Kilometer von Südindien nach Tibet, eine unbekannte Journalistin entwickelt sich dank einer Perserkatze zur weltberühmten Romanautorin – diese Anthologie erzählt von der besonderen Beziehung zwischen Katzen und Frauen.

»Frauen sind wie Katzen: Beide kann man nur zwingen, das zu tun, was sie selber mögen.« Colette

Detlef Bluhm, geboren 1954, ist Geschäftsführer des Börsenvereins des Deutschen Buchhandels Berlin-Brandenburg. Er hat mehrere Bücher zur Kulturgeschichte der Katze veröffentlicht.

www. Detlefbluhm.de und http://katerpaul.wordpress.com/

Im insel taschenbuch liegt von Detlef Bluhm außerdem vor: *Das große Katzenlexikon* (it 3653).

insel taschenbuch 4212
Von Katzen und Frauen

Patricia Highsmith (1921-1995), *Sammy by Sammy* | 1967 |
Kohle auf Papier

Von Katzen und Frauen
Ausgewählt von Detlef Bluhm

Insel Verlag

Umschlagfotos: GK & Vikki Hart/Getty Images;
Image Source/Getty Images

Erste Auflage 2013
insel taschenbuch 4212
Originalausgabe
© Insel Verlag Berlin 2013
Alle Rechte vorbehalten, insbesondere das der Übersetzung, des öffentlichen Vortrags sowie der Übertragung durch Rundfunk und Fernsehen, auch einzelner Teile.
Kein Teil des Werkes darf in irgendeiner Form (durch Fotografie, Mikrofilm oder andere Verfahren) ohne schriftliche Genehmigung des Verlages reproduziert oder unter Verwendung elektronischer Systeme verarbeitet, vervielfältigt oder verbreitet werden.
Quellennachweise zu dieser Ausgabe am Schluß des Bandes,
Abbildung Seite 4: Patricia Highsmith, *Katzen.*
© Diogenes Verlag AG, Zürich, 2007
Abbildung Seite 160: Photo Scala, Florenz
Vertrieb durch den Suhrkamp Taschenbuch Verlag
Umschlag: bürosüd, München
Satz: Hümmer GmbH, Waldbüttelbrunn
Druck: CPI – Ebner & Spiegel, Ulm
Printed in Germany
ISBN 978-3-458-35912-8

Inhalt

Marlen Haushofer, *Sie beharren auf ihrer Freiheit** . .   9
Hilde Domin, *Die andalusische Katze*   18
Doris Lessing, *Katzen im Hochmoor**   23
Antonia White, *Ihr ganzer Körper bebte
    vor Schnurren**   36
Angelika Schrobsdorf, *Die Phase mit den
    herrenlosen Katzen**   40
Ella Maillart, *Mit Ti-Puss in Raipur*   43
Colette, *Nonoche*   51
Irmtraud Morgner, *Für die Katz*   58
Patricia Highsmith, *Mings größte Beute*   61
Joyce Carol Oates, *Niemand kennt meinen Namen* . .   77
Sarah Kirsch, *Katzenleben*   98
Virginia Woolf, *Und so kam es, daß ich
    Romanautorin wurde**   99
Sylvia Beach, *Joyce hatte Katzen gern um sich** 101
Ingrid Zwerenz, *Die nagende Kritik der Katzen** 103
Mary und Charlie Dickens, *Die Katze macht
    das Licht aus** 105
Edith Sitwell, *Er nahm seine Mahlzeit mit den
    anderen Familienmitgliedern ein** 107
Brigitte Kronauer, *Über das Wesen der Katze** 109
Anne Frank, *Katzen und Politik** 113
Rosa Luxemburg, *Briefe aus dem Gefängnis* 114
Christa Wolf, *Neue Lebensansichten eines Katers* . . . 119
Elisabeth Castonier, *Die Katzen von der Mill Farm** 129
Eva Demski, *Aus meiner Katze ist die Mordlust
    gewichen* 147

Christa Reinig, *Denkmal für Kolumbus* 148
Margaret Atwood, *Unser Kater kommt in
    den Himmel* 152
Katja Lange-Müller, *O Gott, die Katze ...* 155

Nachwort 161
Quellennachweise 169

* = Titel vom Herausgeber

Marlen Haushofer
Sie beharren auf ihrer Freiheit

An jenem Abend kam die Katze in mein Haus. Als klatschnasses graues Bündel hockte sie vor der Tür und jammerte.

Später, in der Hütte, schlug sie entsetzt ihre Krallen in meinen Schlafrock und fauchte den bellenden Luchs wütend an.

Ich schrie den Hund an, und er kroch unwillig und gekränkt in sein Loch zurück. Dann setzte ich die Katze auf den Tisch. Sie fauchte noch immer auf Luchs hin, eine magere, grauschwarz gestreifte Bauernkatze, hungrig und durchnäßt, aber noch immer bereit, sich mit Krallen und Zähnen zu verteidigen. Sie beruhigte sich erst, als ich Luchs in die Schlafkammer verbannt hatte.

Ich gab ihr warme Milch und ein wenig Fleisch, und sie vertilgte hastig und sich fortwährend umblickend alles, was ich ihr vorsetzte. Dann ließ sie sich streicheln, sprang vom Tisch, stelzte durchs Zimmer und glitt auf mein Bett. Dort ließ sie sich nieder und fing an, sich zu waschen. Als sie trocken war, sah ich, daß sie ein schönes Tier war, nicht groß, aber apart gezeichnet. Das schönste an ihr waren ihre Augen, groß, rund und bernsteingelb. Sie mochte dem alten Mann am Brunnen gehört haben […]. Vier Wochen lang hatte sie sich herumgetrieben, mich vielleicht schon lange beobachtet, ehe sie gewagt hatte, sich der Hütte zu nähern. Die lockende Wärme und der Lichtschein, vielleicht auch der Milchgeruch, hatten ihr Mißtrauen besiegt.

Luchs winselte in seinem Gefängnis und ich führte ihn am Halsband heraus, zeigte ihm die Katze, streichelte zuerst ihn und dann sie und stellte sie als neue Hausgenossin vor. Luchs benahm sich sehr vernünftig und schien begriffen zu haben. Die Katze verhielt sich noch tagelang feindselig und abweisend gegen ihn. Sie mochte schlimme Erfahrungen gemacht haben und fauchte wütend, wenn Luchs sich ihr neugierig näherte.

Nachts schlief sie in meinem Bett, eng an meine Beine geschmiegt. Es war nicht sehr bequem für mich, aber mit der Zeit gewöhnte ich mich daran. Am Morgen lief die Katze weg und kam erst bei Einbruch der Dämmerung zurück, um zu fressen, zu trinken und in meinem Bett zu schlafen. So hielt sie es fünf oder sechs Tage. Dann blieb sie ganz bei mir und benahm sich von da an wie eine richtige Hauskatze.

Luchs gab es nicht auf, sich ihr zu nähern, er war ja überhaupt ein sehr neugieriger Hund, und schließlich fand die Katze sich damit ab, hörte auf zu fauchen und ließ sich sogar beschnuppern. Allerdings schien sie sich dabei nicht wohl zu fühlen. Sie war ein sehr nervöses und mißtrauisches Geschöpf, zuckte bei jedem Geräusch zurück und befand sich meistens in einem Zustand der Fluchtbereitschaft und Spannung.

Es dauerte wochenlang, bis sie sich beruhigte und nicht mehr zu fürchten schien, ich könnte sie mit Fußtritten davonjagen. Seltsamerweise schien sie Luchs bald weniger zu mißtrauen als mir. Von seiner Seite erwartete sie sichtlich keine bösen Überraschungen mehr, und sie fing an, ihn zu behandeln wie ein launenhaftes Weib seinen Tolpatsch von Ehemann behandelt. Manchmal fauchte sie ihn an und schlug nach ihm, und dann wieder, wenn Luchs sich zurückgezogen hatte, näherte sie sich ihm und schlief sogar an seiner Seite ein.

Die Erfahrungen, die sie mit Menschen gemacht hatte, mußten sehr schlimm gewesen sein, und da ich wußte, wie schlecht Katzen besonders auf dem Land häufig behandelt werden, wunderte ich mich nicht. Ich war immer gleichmäßig freundlich zu ihr, näherte mich ihr nur langsam und nie, ohne dabei zu ihr zu sprechen. Und als sie sich Ende Juni zum erstenmal von ihrem Platz erhob, über den Tisch auf mich zukam und ihr Köpfchen an meiner Stirn rieb, empfand ich dies als großen Erfolg. Von da an war das Eis gebrochen. Nicht daß sie mich mit Zärtlichkeiten überhäuft hätte, aber sie schien bereit, das Böse, das ihr von Menschen widerfahren war, zu vergessen.

Noch jetzt geschieht es manchmal, daß sie ängstlich vor mir zurückweicht oder zur Tür flieht, wenn ich mich zu plötzlich bewege. Es kränkt mich, aber wer weiß, vielleicht kennt die Katze mich besser, als ich selbst mich kenne, und ahnt, wozu ich fähig sein könnte. Während ich dies schreibe, liegt sie vor mir auf dem Tisch und sieht aus großen gelben Augen über meine Schulter auf einen Fleck der Wand. Dreimal hab ich mich schon danach umgedreht und kann dort nichts sehen als das alte dunkle Holz. Manchmal starrt sie auch mich lange und unverwandt an, […] nach einer gewissen Zeit wird sie unruhig und dreht den Kopf weg oder kneift die Lider zu.

Auch Luchs mußte die Augen abwenden, wenn ich ihn lange ansah. Ich glaube nicht, daß Menschenaugen hypnotisch wirken, ich kann mir aber vorstellen, daß sie einfach zu groß und leuchtend sind, um einem kleineren Tier angenehm zu sein. Ich ließe mich auch nicht gern von untertassengroßen Augen anstarren.

Seit Luchs tot ist, hat sich die Katze enger an mich angeschlossen. Vielleicht sieht sie ein, daß wir ganz aufeinander angewiesen sind, aber sie war eifersüchtig auf den Hund, ohne es zeigen zu können. In Wahrheit bin ich mehr auf sie angewiesen als sie auf mich. Ich kann zu ihr reden, sie streicheln und ihre Wärme sickert über meine Handflächen in meinen Leib und tröstet mich. Ich glaube nicht, daß die Katze mich so nötig braucht wie ich sie.

Luchs entwickelte mit der Zeit eine gewisse Zuneigung für sie. Für ihn war sie ein Familien- oder Rudelmitglied, und er wäre jeden Angreifer angefallen, um sie zu beschützen.

Wir waren also zu viert, die Kuh, die Katze, Luchs und ich. Luchs stand mir am nächsten, er war bald nicht nur mein Hund, sondern mein Freund; mein einziger Freund in einer Welt der Mühen und Einsamkeit. Er verstand alles, was ich sagte, wußte, ob ich traurig oder heiter war, und versuchte auf seine einfache Art, mich zu trösten.

Die Katze war ganz anders, ein tapferes, abgehärtetes Tier, das ich respektierte und bewunderte, das sich aber immer seine Freiheit vorbehielt. Sie war mir in keiner Weise verfallen. Freilich, Luchs hatte keine Wahl, er war auf einen Herrn angewiesen. Ein herrenloser Hund ist das ärmste Wesen auf der Welt, und selbst der übelste Mensch kann noch seinen Hund in Entzücken versetzen.

Die Katze fing bald an, gewisse Forderungen an mich zu stellen. Sie wollte jederzeit, auch nachts, kommen und gehen, wie es ihr gefiel. Ich hatte Verständnis dafür, und da ich bei kaltem Wetter das Fenster geschlossen halten mußte, stemmte ich hinter dem Kasten ein kleines Loch in die Wand. Es war eine mühsame Arbeit, aber sie lohnte sich, denn jetzt hatte ich nachts Ruhe. Der Kasten hielt im Winter den kalten Luftzug ab. Im Sommer schlief ich natürlich bei offenem Fenster, aber die Katze benützte immer ihren eigenen kleinen Ausgang. Sie nahm ein sehr geregeltes Leben auf, schlief bei Tag, ging gegen Abend weg und kam erst wieder gegen Morgen und wärmte sich bei mir im Bett an.

Ich sehe mein Gesicht, klein und verzerrt, im Spiegel ihrer großen Augen. Sie hat sich angewöhnt zu antworten, wenn ich zu ihr spreche. Geh nicht fort heute nacht, sage ich, im Wald sind der Uhu und der Fuchs, bei mir bist du warm und sicher. Hrrr, grrr, mau, sagt sie, und das mag heißen, man wird ja sehen, Menschenfrau, ich möchte mich nicht festlegen. Und dann kommt bald der Augenblick, an dem sie aufsteht, einen Buckel macht, sich zweimal lang ausstreckt, vom Tisch springt, in den Hintergrund gleitet und lautlos in der Dämmerung untertaucht. Und später werde ich meinen leisen Schlaf schlafen, einen Schlaf, in dem die Fichten rauschen und der Brunnen plätschert.

Gegen Morgen, wenn der vertraute kleine Körper sich an meine Beine schmiegt, werde ich mich ein wenig tiefer in den Schlaf sinken lassen, nie ganz tief, denn ich muß sehr auf der Hut sein.

[...]

Gegen vier Uhr, wenn ich die Lampe anzünde, kommt die Katze aus dem Ofenloch und springt zu mir auf den Tisch. Eine Zeitlang sieht sie mir geduldig beim Schreiben zu. Sie liebt das gelbe Lampenlicht ebensosehr wie ich. Wir hören die Krähen unter rauhem Geschrei aus der Lichtung aufsteigen, und die Katze wird nervös und legt die Ohren zurück. Wenn sie sich wieder beruhigt hat, ist unsere Stunde gekommen. Die Katze schlägt mir zart den Bleistift aus der Hand und macht sich auf den beschriebenen Blättern breit. Dann streichle ich sie und erzähle ihr alte Geschichten oder ich singe für sie. Ich kann nicht gut singen und tue es nur leise und eingeschüchtert von der Stille des Winternachmittags. Aber die Katze mag meinen Gesang. Sie liebt ernste getragene Töne, besonders Kirchenlieder. Hohe Töne mag sie nicht, ebensowenig wie ich. Wenn sie genug hat, hört sie auf zu schnurren, und ich bin sofort still. Das Feuer knistert und knackt im Ofen, und wenn es schneit, sehen wir gemeinsam den großen Flocken nach. Wenn es regnet oder stürmt, neigt die Katze zu Trübsinn, und ich versuche, sie aufzuheitern. Manchmal gelingt es mir, aber meist versinken wir beide in hoffnungsloses Schweigen. Und ganz selten geschieht das Wunder: die Katze steht auf, stößt ihre Stirn gegen meine Wange und stemmt die Vorderpfoten auf meine Brust. Oder sie nimmt meinen Fingerknöchel zwischen die Zähne und beißt zart und verspielt daran herum. Es geschieht nicht allzuoft, denn sie geht sparsam um mit den Beweisen ihrer Zuneigung. Bei gewissen Liedern gerät sie in Ekstase und zieht die Krallen wollüstig über das raschelnde Papier. Ihre Nase wird feucht, und ihre Augen überziehen sich mit einem schillernden Film.

Alle Katzen neigen zu geheimnisvollen Zuständen; dann sind sie weit weg und völlig unerreichbar. Perle war verliebt in ein winziges rotes Samtpölsterchen von Luise. Es war für sie ein magischer Gegenstand. Sie schleckte es ab, zog Furchen durch das weiche Gewebe, und endlich ruhte sie darauf aus, weiße Brust auf rotem Samt, die Augen zu grünen Schlitzen verengt, ein prächtiges Fabeltier. Ihr später geborener Halbbruder Tiger war den Düften verfallen. Er konnte die längste Zeit vor einem wohlriechenden Kraut sitzen, den Schnurrbart gespreizt, die Augen geschlossen, Speicheltröpfchen auf der kleinen Unterlippe. Schließlich sah er aus, als werde er im nächsten Augenblick in tausend Stücke zerspringen. Wenn es soweit war, rettete er sich mit einem kühnen Sprung in die Wirklichkeit und raste, mit aufgestelltem Schwanz, kleine Schreie ausstoßend, in die Hütte. Überhaupt pflegte er sich nach derartigen Ausschweifungen recht rüpelhaft zu benehmen, wie ein halbwüchsiger Junge, den man beim Lesen eines Gedichtes ertappt. Man darf Katzen aber niemals auslachen, das nehmen sie sehr übel. Bei Tiger war es manchmal nicht leicht, ernst zu bleiben. Perle war viel zu schön, um ausgelacht zu werden, und ihre Mutter auszulachen, würde ich nicht wagen. Was verstehe ich schon von ihren seltsamen Zuständen? Was verstehe ich überhaupt von ihrem Leben? Ich überraschte sie einmal, als sie hinter der Hütte mit einer toten Maus spielte. Sie mußte das Tierchen gerade erst getötet haben. Was ich damals sah, brachte mich zur Überzeugung, daß sie die Maus als heißgeliebtes Spielzeug betrachtete. Sie legte sich auf den Rücken, drückte das leblose Ding an die Brust und beleckte es zärtlich. Dann stellte sie es vorsichtig hin und gab ihm einen beinahe liebevollen Schubs, beleckte es wieder und wandte sich endlich mit kleinen Klageschreien an mich. Ich sollte ihr Spielzeug wieder beweglich machen. Keine Spur von Grausamkeit oder Bosheit.

Ich habe nie unschuldigere Augen gesehen als die Augen meiner Katze, die gerade eine kleine Maus totgequält hatte. Sie hatte keine Ahnung, daß sie dem kleinen Ding Schmerzen bereitet hatte. Ein geliebtes Spielzeug hatte aufgehört, sich zu bewegen, und die Katze klagte darum. Ich fror im hellen Sonnenschein, und etwas wie Haß regte sich in mir. Ich streichelte die Katze ganz abwesend und spürte, wie der Haß wuchs. Es gab nichts und niemanden, den ich dafür hassen konnte. Ich wußte, ich würde nie begreifen, und ich wollte auch gar nicht begreifen. Ich hatte Furcht. Ich fürchte mich auch heute noch, weil ich weiß, daß ich nur leben kann, wenn ich gewisse Dinge nicht begreife. Es war übrigens das einzige Mal, daß ich die Katze mit einer Maus antraf. Sie scheint ihren entsetzlichen unschuldigen Spielen nur nachts nachzugehen, und ich bin froh darüber.

Jetzt liegt sie vor mir auf dem Tisch, und ihre Augen sind klar wie ein See, auf dessen Grund feinverästelte Pflanzen wachsen. […]

Alle meine Katzen haben und hatten die Gewohnheit, nach dem Fressen ihre Schüssel zu umkreisen und auf dem Boden zu scharren. Ich weiß nicht, was das bedeutet, sie versäumten es aber niemals. Katzen leben überhaupt unter einem geradezu byzantinischen Zeremoniell und nehmen es sehr übel, wenn man sie bei ihrem geheimnisvollen Ritual stört. Luchs war im Vergleich zu ihnen ein schamloses Naturkind, und sie schienen ihn darob ein wenig zu verachten.

Setzte ich eine meiner Katzen auf die Bank, sprang sie herunter, ging dreimal auf und ab und setzte sich dann genau dorthin, wo ich sie zuvor hingesetzt hatte. Mit dieser Geste beharrten sie auf ihrer Freiheit und Unabhängigkeit. Es bereitete mir immer Freude, sie zu beobachten, und meiner Zuneigung war immer ein wenig verzagte Bewunderung beigemischt.

Hilde Domin
Die andalusische Katze

Am ersten Abend, als wir eingezogen waren, kam sie. Sofort stellte sich ein schweigendes Einverständnis zwischen uns her. Sie schien zu sagen: »Ich diene euch als Katze. Ich bin lebendiger als ein Sessel oder ein Tisch. Aber ich will so beständig um euch sein wie die Möbel. Wenn ihr eine Katze habt, ist es fast, als wärt ihr zu Hause.« Wir antworteten: »Du bist eine herrenlose Katze. Eine schwarze, dünne, herrenlose Katze. Du bist nicht schön, aber du bist lebendiger als die Möbel. Wir sind Durchreisende. Hier – und nicht nur hier. Trau uns nicht. Wir sind nichts Festes. Aber solange du uns hast, wird es fast sein, als habest du einen Herrn und ein Heim.«

Die Katze blieb bei uns. Es war keine schöne Katze, es war keine besonders lebhafte oder kluge Katze, aber es war eine bescheidene und unaufdringliche Katze, die nie vergaß, daß sie nur zu Gast war, auch wenn sie die Hauskatze spielte. Sie saß am Tisch und bettelte nie. Sie kam morgens auf die Terrasse vor dem Schlafzimmer. Aber sie schwieg und erhob nie die Stimme, um Einlaß zu verlangen, bis wir aufstanden und aufmachten. Wenn wir lasen oder schrieben, saß sie bei uns. Gingen wir spazieren, so begleitete sie uns bis auf die Landstraße, genau wie unsere eigenen Katzen es zu tun pflegen. Und bei unserer Rückkehr saß sie schon am Gartentor. Wir fühlten uns sehr zu Hause, nicht nur der Katze wegen.

Das Haus lag über dem Meer wie ein Schiff, mit Terrassen anstelle der Decks. Es war ganz von Geranien und Bougainvilleas umwachsen. Wenn man morgens die Augen aufmachte, sah man gleich auf das Meer, leuchtend glatt und blau. Der Sonnenaufgang wurde einem ans Bett gebracht wie ein Frühstück, zu einer annehmbaren Stunde, kurz vor neun.

Wir ließen unsere Bücher kommen und blieben in dem Haus, das wir für vierzehn Tage gemietet hatten. Wir blieben für eine längere Zeit. Aber doch nur für eine bestimmte Zeit. Das schien die Katze nicht zu verstehn. Wie die Tage vergingen, ohne daß wir abreisten, begann sie zu denken, wir seien gekommen, um zu bleiben. Die vielen Bücher über dem Kamin – da stellten wir sie auf, denn es war ein Kamin, der rauchte, ein Kamin, dessen schwarze Geschichte außen auf den roten Ziegeln zu lesen war, kurz ein Kamin, den man besser nicht anmachte – die vielen Bücher also über dem kalten Kamin beruhigten die Katze vollends über unsere soliden Ansichten. Das erste Mal, als ich nach Malaga gefahren war, war sie verzweifelt dem Autobus nachgelaufen, so daß sie beinahe unter ein Auto gekommen wäre. Jetzt begann sie den Autobus mit freundlichen Augen anzusehen. Sie saß immer pünktlich auf der Mauer, um mich zu empfangen, wenn ich mit den Einkaufstaschen zurückkam. Die Fische in Malaga sind vorzüglich. Der Petersfisch mit dem Groschen des heiligen Peter auf dem Bauch war ihr der liebste, weil er einen so großen Kopf hat und auch an Schwanz und Flossen viel dranbleibt.

Im Januar – luna de enero, luna de amor, Januar du Liebesmonat – bekam die Katze den Besuch mehrerer Verehrer. Die Kater, die unserer Katze den Hof machten, hatten es nahe genug. Sie brauchten nicht erst von einem der Dörfer oben auf den Hügeln zu kommen, denn sie trieben sich ohnedies auf dem Anwesen herum. Gleich zu Anfang, als sie sahen, wie erfolgreich sich die Katze hatte adoptieren lassen, hatten sie sich uns vorgestellt und um Aufnahme nachgesucht. Es waren ein weiß und rot gefleckter, mit unsympathisch impertinentem Blick, aber einem durchaus würdevollen Benehmen, ganz gut im Fleisch, was für seine Lebenskunst sprach, und ein widerlich schleimiger schwarzer, ausgehungert und scheu, dem man es anmerkte, daß er selten auf Gegenliebe traf. Wir mochten beide nicht und wiesen sie ab. Sie lebten von gelegentlichen Almosen, wenn die andern Häuser bewohnt waren.

Außerdem gab es noch einen abgemergelten gelben Windhund, der bisweilen unten am Strand erschien, ein hochbeiniges Gerippe, und dort, gelb auf dem gelben Sand, mit trauriger Gleichgültigkeit in den Muscheln schnupperte, die vom Essen der Fischer liegengeblieben waren. – Das Boot mit den drei Fischern gehörte zu dem Stück Meer vor unserem Haus. Im Morgenlicht lag es immer schon auf dem Wasser, schwarz wie die Möwen, ehe die Sonne steigt. Dann wurde es weiß. Aber obwohl sie den ganzen Tag fischten, hatten die drei Fischer nie mehr zum Verkauf anzubieten als hin und wieder einen Tintenfisch. Vielleicht fehlten ihnen ganz einfach die Geräte für einen ordentlichen Fang. Aber es schien ihnen nichts auszumachen, daß so gar kein Geld hereinkam bei diesem Leben, bei dem sie den ganzen Tag arbeiteten, ohne doch wirklich zu arbeiten. Am Mittag zogen sie das Boot ans Land und kochten ihre Muscheln. Dann schliefen sie in dem schmalen Schatten, den das Boot auf den

Sand warf, und fuhren wieder hinaus, bis bei Sonnenuntergang die Schatten der Berge von Afrika hinter dem Horizont heraufstiegen.

Aber über den Fischern habe ich ganz die beiden Kater vergessen, die Verehrer der Katze. Dabei machte ihre Gegenwart sich im Januar fühlbar genug. Sie stürmten unser Haus und hetzten sich durch die Zimmer. Sie hangelten sich die Gardinen hinauf und bezogen lieber einen Posten hoch oben auf der Gardinenstange, statt das Feld zu räumen. Wenn man sie zu einer Tür hinausjagte, kamen sie zur nächsten herein.

Schließlich verschwanden sie. Die Katze war schwanger. Mit Mühe überzeugten wir sie, daß die sich in der Schreibtischschublade anhäufenden Manuskriptseiten noch nicht für ein angemessenes Wochenbett ausreichten. »Vielleicht bis zum nächsten Mal«, vertröstete sie sich, und nahm dann mit einer groben roten Decke im Fenstereck vorlieb. Es waren vier Kätzchen. Schön waren sie nicht. Das ließ sich bei den Eltern auch nicht erwarten. Zwei Kätzchen waren schwarz, zwei waren dreifarbig. Die schwarzen Kätzchen hatten weiße Pfötchen und einen weißen Kragen wie Waschbären. Wir nannten sie »Schneeweißchen« und »Schneepfötchen«, um der Katze eine Freude zu machen. Auf spanisch natürlich, denn sonst hätte sie es nicht verstanden. »Blancanieve« und »Blancamano«. Die Besitzerin des Anwesens hieß ohnehin Doña Dulce Nieves, »Frau Süßer Schnee«. Sie war eine schlechtgelaunte Blondine, die, nachdem sie die Häuser einmal mit großem Geschmack eingerichtet hatte, sich nicht weiter um sie kümmerte, denn sie wollte gar nicht erst wissen, was alles reparaturbedürftig war. Daher kam sie auch nie dazu, die Namensverwandtschaft zu feiern. – Den beiden anderen Kätzchen gaben wir Namen aus den Gesellschaftsanzeigen der Madrider Zeitung. Schöne und besondere Namen, wie sie nur in Spanien in den Zeitungen stehen.

Doris Lessing
Katzen im Hochmoor

Wir zogen in ein Haus im Hochmoor. Es ist ein altes Haus, das seit einiger Zeit leergestanden hat. Es gab nur wenige Möbel. Aber es hatte einen riesigen Kamin. Unsere Katzen hatten noch nie offenes Feuer gesehen. Als die Scheite loderten, schrie die Graue vor Entsetzen, flüchtete treppauf und verkroch sich unter einem Bett, wo sie blieb.

Die Schwarze strich im Wohnzimmer umher, entdeckte den einzigen Lehnstuhl und beschlagnahmte ihn. Das Feuer fesselte sie; sie fürchtete sich nicht, solange sie ihm nicht zu nahe kam.

Aber sie hatte Angst vor der Umgebung – den Feldern, dem Gras, den Bäumen, hier nicht in ordentliche Rechtecke aufgeteilt, sondern weiträumig und nur von niedrigen Steinmauern durchschnitten.

Beide Katzen mußten ein paar Tage lang förmlich aus dem Haus gejagt werden, um ihr Geschäft zu erledigen. Dann begriffen sie und gingen von allein hinaus – allerdings nur kurz; zuerst nur bis zu einer bewachsenen Steinmauer. Dann zu einer Wiese, die von Mauern umgeben war. Und von dort kehrte die Graue beim ersten Besuch nicht sofort zurück. Es standen dort hohe Nesseln, Disteln, Fingerhut; es wimmelte von Vögeln und Mäusen. Die Graue kauerte am Rande dieser kleinen Wildnis, Schnurrhaare, Ohren, Schwanz in Bewegung – lauschend und erkundend. Aber sie war noch nicht bereit, sich ihrer eigenen Natur zu überlassen. Ein Vogel, der plötzlich auf einem Zweig landete, genügte, daß sie ins Haus zurücksauste und unter dem Bett verschwand. Wo sie einige Tage blieb. Wenn aber ein Wagen mit Besuchern kam oder Lieferanten für Brennholz, Brot, Milch, schien sie sich im Hause eingesperrt zu fühlen, und sie rannte hinaus in die Felder, wo sie sich sicherer fühlte. Kurz, sie war verwirrt; sie war aus dem Gleichgewicht; ihre Instinkte waren sinnlos. Sie fraß auch nicht; es ist unglaublich, wie lange eine Katze mit ein bißchen Milch oder Wasser auskommen kann, wenn sie die vorgesetzte Nahrung ablehnt, verängstigt oder krank ist.

Wir befürchteten, sie würde weglaufen – vielleicht versuchen, nach London zurückzukehren.

Als ich sechs oder sieben Jahre alt war, saß eines Abends ein Mann im strohüberdachten, lampenerhellten Raum unserer Farm und streichelte eine Katze. Ich erinnere mich, wie er das Tier streichelte und mit ihm sprach; der Lichtkreis der Lampe machte aus ihnen, dem Mann und der Katze, ein Bild, das ich noch jetzt vor mir sehe. Und wieder fühle ich, was ich damals so stark empfand: Unruhe, Unbehagen. Ich stand neben meinem Vater, und ich fühlte mit ihm. Aber was eigentlich ging vor? Ich krame in meinem Gedächtnis, versuche es zu überrumpeln und zur Arbeit anzuregen, indem ich den warmen Schimmer auf weichem grauem Fell heraufbeschwöre und wieder seine zu gefühlvolle Stimme höre. Aber nichts kehrt zurück außer Unbehagen, der Wunsch, daß er gehen solle. Irgend etwas war ganz und gar nicht in Ordnung. Auf jeden Fall, er wollte die Katze haben. Er war Holzfäller; er schlug Bäume in der Nähe der zwanzig Meilen entfernten Berge. An den Wochenenden kehrte er nach Salisbury zu Frau und Kindern zurück. Nun muß man fragen: Was wollte er mit einer Katze in einem Holzfällerlager? Warum eine ausgewachsene Katze und kein Kätzchen, das lernen würde, sich bei ihm heimisch zu fühlen oder wenigstens im Lager? Warum diese Katze? Warum waren wir bereit, uns von einer ausgewachsenen Katze zu trennen, was immer gewagt ist, und sie einem Mann zu überlassen, der nur vorübergehend im Lager war, denn zu Beginn der Regenzeit würde er in die Stadt zurückkehren? Warum? Die Antwort darauf liegt natürlich in der Spannung, der Disharmonie in dem Zimmer an jenem Abend.

Wir fuhren mit der Katze zum Holzfällerlager.

Hoch zwischen den Vorbergen einer Gebirgskette eine parkähnliche Landschaft mit großen, stillen Bäumen. Tief zwischen den Bäumen ein Nest weißer Zelte auf einer Lichtung. Die Zikaden schrillten. Es war Ende September oder Oktober, denn bald kam der Regen. Sehr heiß, sehr trocken. Weiter entfernt zwischen den Bäumen das Kreischen der Säge, stetig, eintönig wie die Zikaden. Dann übertriebene Stille, als es aussetzte. Das Krachen, als wieder ein Baum fiel, und ein starker Geruch nach warmem Laub und Gras, befreit von den herabstürzenden Ästen.

Wir übernachteten dort an dem heißen, stillen Ort. Die Katze blieb zurück. Kein Telephon im Lager; aber der Mann rief am nächsten Wochenende an, um zu sagen, daß die Katze verschwunden sei. Es tat ihm leid; er hatte ihr Butter an die Pfoten geschmiert, wie meine Mutter ihm geraten hatte; aber es gab keine Möglichkeit, sie einzusperren, denn in einem Zelt konnte man eine Katze nicht einsperren; und sie war fortgelaufen.

Zwei Wochen später, an einem heißen Spätvormittag, kroch die Katze aus dem Busch zum Haus. Sie war eine geschmeidige, glatte, graue Katze gewesen. Jetzt war sie mager, das Fell war struppig, die Augen wild und angsterfüllt. Sie lief zu meiner Mutter, kauerte sich vor ihr nieder und blickte sie an, um sich zu vergewissern, daß wenigstens diese Person in einer erschreckenden Welt unverändert geblieben war. Dann sprang sie auf ihre Arme, schnurrte und maunzte vor Glück, wieder daheim zu sein.

Nun, das waren zwanzig Meilen, vielleicht fünfzehn, wenn ein Vogel flog, aber nicht, wie eine Katze es laufen mußte. Die Katze schlüpfte aus dem Lager und richtete die Nase in die Richtung, die ihr der Instinkt eingab. Es gab keine Straße, die sie benutzen konnte. Zwischen unserer Farm und dem Holzfällerlager gab es ein zufälliges Muster von Wegen, alles Feldwege, und der Weg zum Holzfällerlager war vier oder fünf Meilen weit nur eine Wagenspur durch dürres Gras. Unwahrscheinlich, daß sie der Spur unseres Wagens folgen konnte. Sie muß querfeldein gelaufen sein, verlassenes, unbewohntes Feld, wo es für sie viele Mäuse, Ratten und Vögel zu fressen gab, aber eben auch Katzenfeinde wie Leoparden, Schlangen, Raubvögel. Vermutlich bewegte sie sich nachts. Zwei Flüsse mußte sie überqueren. Es waren keine breiten Flüsse gegen Ende der Trockenzeit. An manchen Stellen gab es Steine; oder vielleicht erkundete sie die Böschungen, bis sie eine Stelle fand, wo sich Äste von beiden Ufern über dem Wasser trafen, und überquerte den Fluß durch die Bäume. Sie könnte auch geschwommen sein. Ich habe gehört, daß Katzen dazu imstande sind; selbst gesehen habe ich es nie.

Während dieser zwei Wochen brach die Regenzeit los. Beide Flüsse schwellen plötzlich und unerwartet an. Zehn, fünfzehn, zwanzig Meilen flußauf geht ein Unwetter nieder. Das Wasser staut sich auf und wälzt sich in einer Woge, die einen halben Meter, aber auch fünf Meter hoch sein kann, flußabwärts. Es hätte leicht sein können, daß die Katze am Ufer saß und nach einer Möglichkeit, den Fluß zu überqueren, suchte, als die erste Woge kam. Aber sie hatte bei beiden Flüssen Glück. Sie war zwar naß geworden; ihr Fell war naß geworden und war dann getrocknet. Nach dem zweiten Fluß lagen noch weitere zehn Meilen leeres Feld vor ihr. Sie muß blindlings gelaufen sein, entschlossen, hungrig, verzweifelt, nichts wissend, außer daß sie weiter mußte und daß sie die rechte Richtung eingeschlagen hatte.

Die Graue lief nicht fort, mochte sie auch daran denken, wenn Fremde uns besuchten und sie sich in den Wiesen versteckte. Was die Schwarze anbelangt, so machte sie es sich in dem Lehnstuhl bequem und blieb dort.

Für uns war es eine Zeit angestrengter Arbeit; Wände anstreichen, Fußboden säubern, große Unkrautflächen – viele Brennesseln – roden. Wir aßen nur aus Notwendigkeit, denn zum Kochen blieb nicht viel Zeit. Und die Schwarze aß mit uns, höchst vergnügt, weil die Graue wegen ihrer Furchtsamkeit als Rivalin ausgeschaltet war. Jetzt strich uns die Schwarze um die Beine, wenn wir hereinkamen; schnurrte und wurde gestreichelt. Sie saß auf dem Lehnstuhl, beobachtete uns, wie wir mit schweren Stiefeln herein und hinaus stapften, und betrachtete das Feuer, die roten Flammen, die flüchtigen Geschöpfe, die sie bald – nicht sofort, denn es dauerte eine Weile – überzeugten, daß Kamin und eine Katze zusammengehören, was wir als selbstverständlich empfinden.

Bald wurde sie mutig genug, nahe ans Feuer heranzugehen und sich davor niederzulassen. Sie kletterte auf den Stapel Holzscheite in der Ecke und sprang von dort in den alten Backofen, der sich, wie sie fand, besser für Kätzchen eignen würde als der Lehnstuhl. Aber irgend jemand dachte nicht mehr daran, und die Ofentür wurde geschlossen. Und dann, mitten in einer windigen Nacht, ertönte das Jammergeschrei, mit dem die Schwarze Hilflosigkeit angesichts des Schicksals verkündet. Eine solche Klage der Schwarzen läßt sich nicht überhören: Es ist ernst, denn im Gegensatz zur Grauen beklagt sie sich nie ohne guten Grund. Wir rannten hinunter. Das traurige Miauen kam aus der Wand. Die Schwarze war im Backofen eingesperrt. Keine Gefahr; aber sie war erschrocken; und sie kehrte zur Ebene von Fußboden und Lehnstuhl zurück, wo das Leben erprobt und sicher war.

Als sich die Graue endlich entschloß, ihre Zuflucht unter dem Bett zu verlassen und herunterzukommen, war die Schwarze Königin des Hauses.

Die Graue gab sich alle Mühe, sie mit Blicken zu verunsichern; sie vom Lehnstuhl zu verscheuchen und vom Feuer zu verjagen, indem sie die Muskeln drohend spannte und jähe zornige Bewegungen vollführte. Die Schwarze beachtete sie nicht. Die Graue wollte die Spielchen um die Vorherrschaft am Futternapf wiederaufnehmen. Aber sie hatte kein Glück; wir waren so beschäftigt, daß wir nicht mit ihr spielen konnten.

Da saß die schwarze Katze zufrieden vor dem Feuer, und da saß die graue Katze in angemessener Entfernung – ausgeschlossen.

Die Graue hockte auf dem Fensterbrett und miaute trotzig die tanzenden Flammen an. Sie kam näher – das Feuer tat ihr nicht weh. Und daneben saß die Schwarze, nicht weiter als die Schnurrhaarlänge entfernt. Die Graue kam noch näher, setzte sich auf den Kaminvorleger und schaute mit zurückgelegten Ohren und zuckendem Schwanz den Flammen zu. Allmählich begriff auch sie wieder, daß Feuer hinter Gitter wohltuend war. Sie legte sich hin, wälzte sich vor dem Feuer und kehrte ihren hellen Bauch der Wärme zu, wie sie es in der Sonne einer Londoner Wohnung tun würde. Sie hatte sich mit dem Feuer ausgesöhnt. Aber nicht mit der Tatsache, daß die Schwarze die Vorherrschaft an sich gerissen hatte.

Ich war einige Tage allein im Haus. Plötzlich war keine schwarze Katze mehr da. Die Graue ruhte im Lehnstuhl, die Graue saß vor dem Feuer. Die Schwarze war nirgends im Haus. Die Graue schnurrte und leckte und beknabberte mich; die Graue sagte immerzu, wie schön es sei, allein zu sein, wie schön, daß es keine schwarze Katze gebe.

Ich machte mich auf die Suche nach der schwarzen Katze und fand sie draußen auf einer Wiese, wo sie sich versteckte. Sie miaute kläglich, und ich brachte sie ins Haus zurück, wo sie vor der Grauen entsetzt davonlief. Die Graue bekam von mir eine Tracht Prügel.

Wenn ich das Haus verließ, um Einkäufe zu machen oder im Hochmoor spazierenzugehen, folgte mir die Schwarze miauend zum Wagen. Sie wollte nicht etwa mitfahren; sie wollte nicht, daß ich überhaupt wegging. Bei der Abfahrt fiel mir auf, daß sie auf eine Mauer oder einen Baum kletterte, immer den Rücken in Deckung, und bis zu meiner Rückkehr dort blieb. Die Graue versohlte sie, während ich fort war. Die Schwarze war inzwischen hochträchtig, und dieser Wurf folgte dem ersten zu rasch. Die Graue war viel stärker als sie. Diesmal wurde die Graue tüchtig verprügelt; und ich sagte ihr meine Meinung. Sie verstand recht gut. Von nun an sperrte ich die Schwarze im Haus ein, wenn ich wegfuhr, und schloß die Graue aus. Die Graue schmollte. Die Schwarze war zwar besiegt, aber da wir sie unterstützten, eignete sie sich wieder den Lehnstuhl an und erlaubte der Grauen nicht, auch nur in die Nähe zu kommen.

Deshalb ging die Graue in den Garten, der jetzt ein halber Morgen weites Stoppelfeld war. Sie fing ein paar Mäuse, brachte sie herein und legte sie mitten ins Zimmer. Wir freuten uns nicht darüber und warfen die Mäuse hinaus. Die Graue zog sich vom Haus zurück und verbrachte ihre Tage im Freien.

Folgt man einem schmalen Weg zwischen Steinmäuerchen, so gelangt man zu einem kleinen Einschnitt, und auf dem Grund – nachdem wir das schulterhohe Gras gemäht hatten, entdeckte man es – hatte sich ein stiller glatter Weiher gebildet. Über den Weiher neigt sich ein großer Baum; ringsherum Gras, dann Unterholz und Gebüsch.

Ein Stein liegt am Rande des Weihers. Die graue Katze setzte sich darauf und betrachtete das Wasser. Ob es gefährlich war? Eine Wasseroberfläche war ihr ebenso neu wie das Feuer. Ein Windstoß kräuselte das Wasser, so daß es gegen den Stein spülte und ihre Pfoten naß machte. Sie stieß einen Jammerschrei aus und raste zurück zum Haus. Hier setzte sie sich vor die Tür und blickte ohrenzuckend den Pfad zum Weiher hinunter. Langsam ging sie wieder zurück – nicht etwa sofort: Niemals hätte die graue Katze zugegeben, daß sie sich irren könnte. Zuerst setzte sie sich in Positur, leckte und putzte sich sorgfältig, um ihre Gleichgültigkeit zu zeigen. Dann machte sie einen Umweg zum Weiher, durch den großen Garten und über eine felsige Böschung. Der Stein war immer noch da, am Rand des Wassers. Das Wasser, leicht gekräuselt, war da. Und darüber der tiefhängende Baum. Wie eine alte Dame trippelte die Katze mißbilligend durch feuchtes Gras. Sie setzte sich auf den Stein und betrachtete das Wasser. Die Zweige über ihr schaukelten im Wind; und wieder benetzte das Wasser ihre Pfoten. Sie zog sie zurück und saß nun gespannt und reglos. Sie blickte zu dem Baum hinauf, der vom Wind bewegt wurde – das kannte sie. Sie betrachtete nachdenklich das Wasser, das sich bewegte. Dann tat sie etwas, das ich sie habe mit dem Futter tun sehen. Wenn der grauen oder der schwarzen Katze unbekanntes Futter vorgesetzt wird, strecken sie eine Pfote aus und berühren es. Sie betasten es, heben die Pfote zum Maul und schnuppern zuerst daran, dann lecken sie an dem ungewohnten Futter. Die Graue streckte eine Pfote aus, berührte das Wasser aber nicht. Sie zog die Pfote zurück. Fast wäre sie jetzt weggelaufen; ihre Muskeln spannten sich zur instinktiven Fluchtbewegung, aber sie besann sich eines anderen. Sie streckte den Kopf hinunter und leckte an dem Wasser. Es sagte ihr jedoch nicht zu. Es schmeckte nicht wie das Wasser aus dem Glas auf meinem Nachttisch, das sie während der Nacht trinkt; auch nicht wie die Tropfen, die aus einem Wasserhahn tropfen und die sie mit schiefgehaltenem Kopf auffängt. Sie steckte eine Pfote ganz ins Wasser, ließ sie dort ein Weilchen, zog sie heraus und leckte daran. Jawohl, Wasser. Etwas, das sie kannte, wenn auch anders.

Die graue Katze kauerte auf dem Stein, das Gesicht über dem Wasser, und betrachtete ihr Spiegelbild. Daran war nichts Absonderliches: Spiegel kannte sie. Aber Kräuselwellen gingen hin und her, und ihr Spiegelbild verzerrte sich. Sie legte eine Pfote auf ihr Bild im Wasser, aber ganz anders als bei einem Spiegel drang ihre Pfote in das Naß ein. Offensichtlich verärgert, richtete sie sich auf. Da ihr das alles zuviel wurde, stakste sie geziert durchs feuchte Gras zurück zum Haus. Nachdem sie der Schwarzen mit den Augen gesagt hatte, wie sehr sie sie haßte, setzte sie sich vor das Feuer, Rücken zur Schwarzen, die sie vom Lehnstuhl aus beobachtete.

Die Graue kehrte wieder zum Weiher zurück, zu dem Stein. Während sie dort saß, bemerkte sie, daß der Baum ein Lieblingsplatz der Vögel war, die in dem Augenblick, wo sie den Platz verließ, zum Wasser flogen, tranken, sich darin tummelten, darüber hin und her flitzten. Nun besuchte die Graue den Weiher wegen der Vögel. Aber sie fing dort nie einen Vogel. Ich glaube, sie fing überhaupt keinen Vogel in dieser Gegend. Vielleicht weil es hier so viele Katzen gab und die Vögel sie kannten?

Wenn ich nachts die Wege entlangfahre, fällt das Licht der Scheinwerfer ständig auf Katzen; Katzen auf Mäusejagd in den Hecken; Katzen, die gerade außer Reichweite der Räder dahinhuschen; Katzen auf Gartentoren; Katzen auf Mauern.

Während der ersten Woche kamen mehrere Katzen, um zu sehen, wer die neuen Bewohner dieses Hauses waren, das abseits der Straße, abseits von den anderen Häusern, wohlverborgen hinter Bäumen und Mauern einen Zufluchtsort bildete; und was für neue Katzen vielleicht gekommen waren.

Mitten in der Nacht sah ich einen rötlichen Schwanz zum offenen Fenster hinaus verschwinden. Eine Katze, dachte ich und schlief weiter. Doch am folgenden Tag erzählte man mir im Laden, Füchse vom Dartmoor würden den Katzen nachstellen. Alle möglichen häßlichen Geschichten von Füchsen und Katzen. Aber auf dem Land kann man Katzen nicht einsperren; und in einer Gegend voller Katzen erscheint es nicht sehr wahrscheinlich, daß eine Bedrohung durch Füchse oder durch irgend etwas sonst dasein soll.

Es stellte sich heraus, daß der rote Schwanz einem schönen rötlichbraunen Kater gehörte, der von der grauen Katze verjagt wurde, da sie jetzt das Haus als ihr Eigentum betrachtete. Bald verscheuchte sie alle Besucher vom hundert Meter entfernten Gartentor. Das Haus und die Felder ringsum waren jetzt ihr Territorium; und wir trafen sie manchmal in dem hohen Gras der kleinen Wiese oberhalb des Hauses, wo sie sich sonnte, oder auf der darunterliegenden großen Wiese, wo sie den Vögeln auflauerte, die zu den morastigen Stellen zur Tränke kamen.

Dann – eine Invasion. Der Zaun auf der einen Seite war kaputt, und als ich eines Morgens hinunterging, um Feuer zu machen, fand ich beide Katzen auf dem Fensterbrett, vorübergehend verbündet, weil draußen vor dem Fenster große, fremd riechende Tiere, die sie noch nie gesehen hatten, schwerfällig und stampfend und brüllend vorbeizogen. Die Schwarze stieß ihre traurige, hohle Klage aus: Das ist zuviel, was soll das heißen? Damit werde ich nicht fertig, bitte hilf! Die Graue schrie ihre Feindschaft vom sicheren Fensterbrett aus. Die Rinder waren von den Nachbarfeldern durch die Umzäunung eingedrungen und zogen am Haus vorbei zum Weiher hinunter und zu der großen Wiese, die jetzt, wie sie offenbar wußten, eine gute Weide war. Erst viel später am Tag bekam ich Hilfe, um das Vieh zu vertreiben; der Bauer erschien überhaupt nicht. Etwa fünfzig Kühe ließen es sich bei uns wohl sein, und die Katzen waren verstört. Sie rannten von einem Fensterbrett zum andern und dann in kurzen zornigen Ausfällen zur Haustür hinaus; und sie beklagten sich bitterlich, bis endlich Hilfe kam und die riesigen, gefährlichen Tiere auf ihre eigenen Weiden zurückgescheucht wurden. Immerhin hatten die Katzen gelernt, daß diese großen Tiere keine Gefahr bedeuteten. Denn als zwei Tage später das Gartentor offenstand und Ponys vom Moor hereinkamen, beklagten sich die Katzen nicht, fürchteten sie sich nicht. Acht Ponys weideten in dem alten Garten; und die Graue schlich zu ihnen hinaus, hockte sich auf die Steinmauer und beobachtete sie. Sie verließ ihren Sitzplatz nicht; aber sie war neugierig und blieb, bis die Ponys davontrabten.

Katzen können Tiere oder Vorgänge, die sie nicht kennen, stundenlang beobachten. Das Bettenmachen, Aufwischen, Kofferpacken oder Auspacken, Nähen, Sticken – alles beobachten sie. Aber was sehen sie? Vor ein paar Wochen saßen die schwarze Katze und zwei Kätzchen mitten auf dem Fußboden und schauten mir beim Zuschneiden zu. Sie beobachteten die auf- und zuschnappende Schere, wie sich meine Hände bewegten, wie die zugeschnittenen Teile hingelegt wurden. Den ganzen Vormittag schauten sie mir versunken zu. Aber ich glaube nicht, daß sie die Dinge wahrnehmen wie wir. Was sieht zum Beispiel die Graue, wenn sie eine halbe Stunde lang zuschaut, wie Mücken in einem Sonnenstrahl tanzen? Oder wenn sie die Blätter betrachtet, die sich draußen vor dem Fenster am Baum bewegen? Oder wenn sie die Augen auf den Mond über den Schornsteinen richtet?

Die schwarze Mieze, die untadelige Erzieherin ihrer Kätzchen, läßt sich nie eine Gelegenheit für eine Lektion oder eine Ermahnung entgehen. Warum verbringt sie einen ganzen Vormittag damit, auf jeder Seite ein Kätzchen, das metallene Blitzen in dunklem Stoff zu beobachten; warum schnuppert sie an der Schere, am Stoff, umschreitet das Operationsfeld und teilt dann den Kätzchen irgendeine Beobachtung mit, so daß sie sich genauso verhalten – allerdings, da sie noch klein sind, verbunden mit allem möglichen Schabernack. Aber sie schnuppern an der Schere, schnuppern am Stoff, tun genau das, was ihre Mutter eben getan hat. Dann setzen sie sich und schauen zu. Sie lernt etwas und lehrt es ihre Jungen, daran ist nicht zu zweifeln.

Antonia White
Ihr ganzer Körper bebte vor Schnurren

Minka schlief zwei ganze Stunden lang. Mrs. Bell hatte zwar versucht, etwas zu schreiben, doch sie blickte immer wieder hinunter auf das, was im Korb zu ihren Füßen lag, und sagte zu sich selbst: »Wirklich und wahrhaftig – sie gehört jetzt mir. Ich kann es noch gar nicht glauben.«

Haben Sie je ein herrliches Geschenk zu Weihnachten bekommen? Etwas, nach dem Sie sich immer gesehnt hatten? Als Sie es vor den anderen auspackten, es anstaunten und »Danke« sagten, waren Sie noch ein bißchen benommen. Erst als Sie es ganz für sich hatten und anfassen und betrachten konnten, überkam Sie das Bewußtsein, daß es Ihnen allein gehört.

Genauso fühlte sich Mrs. Bell, als sie Minka in ihrem Korb anschaute. Allmählich wünschte sie sich, sie würde aufwachen. So mit geschlossenen Augen zusammengerollt, das Gesicht unter den Pfoten verborgen, konnte Mrs. Bell einfach nicht genug von ihr sehen. Aber sie wußte, es wäre nicht nett, sie aufzuwecken, bevor sie ausgeschlafen hätte. Alle jungen Katzen brauchen viel Schlaf, und Minka hatte ihn heute, nach dem aufregenden Einzug in ihr neues Heim, besonders nötig.

Am Ende wurde Mrs. Bells Geduld belohnt. Minka gähnte, streckte und entrollte sich und richtete sich in ihrem Korb auf. Die blauen Augen blinzelten und schauten sich mit einem leicht verschlafenen Ausdruck um. Da nahm Mrs. Bell sie auf den Schoß, und während sie sie streichelte und mit ihr sprach, konnte sie alles sehen, was an dieser braun gezeichneten Siamesin anders war als an allen anderen Kätzchen, die sie bisher gehabt hatte.

Statt einer rosa Nase hatte sie eine braune, die zu ihren Ohren und der Fellmaske paßte, in der ihre blauen Augen leuchteten wie Aquamarine auf braunem Samt. Waren sie wirklich wie Aquamarine oder wie blasse Saphire oder, wie Mrs. Silver gesagt hatte, wie Glockenblumen? Ihre Farbe schimmerte und changierte um die großen schwarzen Pupillen, die leicht nach innen blickten. Die braune Maske lief in zwei Streifen zwischen den Ohren aus und zeigte zwei cremefarbene Flecke zwischen den Augenbrauen in derselben Farbe wie das ganze Fell. Mrs. Bell strich über Minkas lange, braune Strümpfe und betastete den absurden Knick in ihrem kurzen, braunen Schwanz, der sich anfühlte, als sei unter dem Pelz ein Stückchen gebogener Draht. Ihre Ohren und ihr Mäulchen waren innen nicht rosa wie bei gewöhnlichen Katzen, sondern zart lila. Ihr Schnurrbart und ihre Augenbrauen waren hell und so fein, daß man sie kaum sehen konnte. Doch am meisten faszinierten Mrs. Bell ihre Pfoten. Sie waren oval, nicht rund, und so zierlich und wohlgeformt, als seien sie eigens zum Tanzen und Spielen mit elegantem Nippes entworfen. Dennoch entdeckte Mrs. Bell bald, daß sie sehr muskulös waren und die dazugehörigen winzigen, braunen Krallen stark wie Stahl und scharf wie Nadeln.

Am Ende dieses ersten Tages hatte Mrs. Bell schon viel über Minka erfahren. Nie zuvor hatte sie eine so liebevolle Katze gehabt. Man brauchte sie nur zu berühren, und ihr ganzer Körper bebte vor Schnurren, als hätte man auf einen Knopf gedrückt und einen Dynamo gestartet. Doch sie sah auch, daß Minka einen sehr leidenschaftlichen und eigenwilligen Charakter hatte. Da Neugier zu ihren besonderen Leidenschaften gehörte, mußte Mrs. Bell ständig für sie Türen öffnen und schließen, um ihr jeden Winkel der Wohnung zu zeigen. Und da sie darauf bestand, jeden Schrank und jedes Becken zu inspizieren, überall hinaufzuklettern und unter alles zu kriechen, sich hinter Betten zu klemmen und durch Geländer zu springen, mußte Mrs. Bell schon die Augen aufhalten, damit sie sich nicht versteckte oder verletzte.

Sie war wirklich ein sehr intelligentes Kätzchen. Innerhalb einiger Stunden hatte sie herausbekommen, daß die Küche, wo es Futter gab, unten war. Und obwohl sie noch so klein war, daß sie nicht ohne Schwierigkeiten Stufen bewältigen konnte, lief sie doch einige Male selbst hinunter, ohne Mrs. Bell um Hilfe zu bitten. Nach jeder Mahlzeit sagte sie sehr manierlich danke und strich um die Knöchel ihrer Herrin. Das war natürlich auch eine Aufforderung zu einer zweiten Portion. Sah sie aber, daß nichts mehr kam, dann kletterte sie an Mrs. Bell hoch und schnurrte als Beweis, daß sie nichts übelnahm.

Sie lernte schnell zu miauen, wenn sie aufs Klo mußte, und brachte Mrs. Bell sie nicht rechtzeitig hin, so warf sie ihr einen vorwurfsvollen Blick zu, als ob sie sagen wollte: »Wie *langsam* diese Menschen doch sind.« Und sogar wenn es schon zu spät war, hockte sie sich unverdrossen in das Kästchen, um zu zeigen, daß sie eine äußerst wohlerzogene Katze war und genau wußte, wozu man ein Klo hatte.

Als es Zeit war, zu Bett zu gehen, nahm Mrs. Bell Minkas Korb mit ins Schlafzimmer und stellte ihn neben ihr Bett. Sie ließ die Tür halb offen, damit sie, falls es nötig war, Minka rasch zu ihrem Klo bringen könnte. Sie setzte Minka in den Korb, doch der war noch nicht nach Schlafen zumute. Die ganze Zeit, während Mrs. Bell sich auszog, spielte sie allerhand verrückte Spiele. Sie zerrte an Mrs. Bells Strümpfen und knabberte an ihren nackten Zehen. Sie sprang auf den Rand des Waschbeckens und schlug ihr die Zahnbürste aus der Hand. Sie hielt sich an einem Ende ihres Morgenrockgürtels fest und schaukelte daran wie an einem Glockenseil. Selbst als Mrs. Bell sich zu Bett gelegt und das Licht ausgemacht hatte, konnte sie immer noch Minka wild im Zimmer herumtollen hören. Beim Springen von einem Stuhl machte sie ein so leises Geräusch, nicht lauter als ein fallendes Wollknäuel. Dann war es still und bald darauf folgte ein leichtes Rascheln. Hatte Minka sich endlich im Korb zur Ruhe gelegt? Nein, etwas bewegte sich ganz, ganz leise über Mrs. Bells Daunendecke. Sie lag still, und das Etwas ... es schien überhaupt kein Gewicht zu haben, doch sie vernahm leises Kratzen von Krallen auf der Seide ... kam langsam näher. Und schließlich spürte sie das glatte, kühle Fell an ihrer linken Schulter, die schmetterlingsleichte Berührung von Schnurrbarthaaren an ihrer Wange. Es wurde noch etwas genestelt und gekramt und dann klang, genau an ihrem rechten Ohr, ein lautes, zufriedenes Schnurren. Minka hatte selbst entschieden, wo für ein Siamkätzchen der einzig richtige Schlafplatz war.

Angelika Schrobsdorf
Die Phase mit den herrenlosen Katzen

An die Phase mit den herrenlosen Katzen werde ich nicht gerne erinnert. Sie dauerte drei Jahre und war eine meiner schlimmsten. Daß sie mich nicht den Verstand gekostet hat, verdanke ich in erster Linie meinen Freunden, die oft mit Rat, Tat, Trost und übermenschlichem Verständnis eingesprungen sind. In Jerusalem gibt es etwa so viele Katzen wie Menschen, und würde nicht hin und wieder eine »Aktion« stattfinden – sie besteht aus Ölsardinen, der billigsten Sorte natürlich, mit Gift gewürzt –, dann würden sie die Stadt bereits übernommen haben. Sie vermehren sich, wie ich feststellen durfte, mit ungeheuerlicher Geschwindigkeit. Ich hatte damals ein kleines Haus mit kleinem Garten in einem der katzenreichsten Viertel Jerusalems gemietet. Ich liebe Katzen und entdecke selbst in den scheußlichsten einen liebenswerten oder eleganten Zug. Und außerdem entdecke ich in jeder die arme, verfolgte, diskriminierte Kreatur. Also machte ich es mir zur Aufgabe, ihnen ein sorgloses, vor Hunger, Kälte und Not geschütztes Dasein zu bescheren. Es fing mit einer Mutterkatze und deren vier entzückenden Jungen an und wuchs sich zu einer zwanzigköpfigen, gar nicht mehr entzückenden Meute aus.

Die israelischen Katzen haben vieles von ihren zweibeinigen Mitbürgern angenommen oder gelernt, zum Beispiel das starke Organ, die Chuzpe und die Entschlossenheit, sich nicht nach allgemeingültigen Vorschriften zu richten. Sie wurden nicht das, was ich anfangs in ihnen entdeckt zu haben glaubte: Leidensgenossen. Sie wurden zu einer Okkupation. Sie siedelten, kämpften und kopulierten in meinem Garten, drangen durch den kleinsten Spalt in mein Haus, schliefen auf meinem Bett, krochen in meine Kochtöpfe, gebaren in meinen Korbsessel, fauchten, kreischten, röhrten und fraßen, bis ihnen das Fressen aus den Ohren kam, und selbst dann fraßen sie weiter. Sie hatten mich im Handumdrehen zu dem gemacht, was sie hätten sein sollen: zu einer armen, verfolgten, diskriminierten Kreatur, und sie hatten nicht das geringste Mitleid mit mir.

Ich fuhr bei sintflutartigem Regen oder vierzig Grad Hitze auf den Markt, kaufte dort zwanzig Kilo Hühnerköpfe – die billigste und gesündeste Katzennahrung –, schleppte sie zum Auto, schleppte sie vom Auto nach Hause, teilte sie in Portionen auf – zwanzig rohe Hühnerköpfe pro Plastikbeutel –, fror sie ein, taute sie auf und warf sie den Monstern morgens um sieben und nachmittags um halb fünf zum Fraß hin. Ich verteilte kleine Hackfleischbällchen mit Antibabypillen, die meistens die Kater, und Antibiotika, die meistens die Gesunden fraßen, aß selber kaum noch, da der Frigidaire mit mich ekelnden Hühnerköpfen vollgestopft war, baute Winterhäuser, bereitete Wochenbetten, rettete vor Aktionen, schlief bei Sturm und Kälte mit geöffnetem Fenster, damit die Katzen ein und aus gehen konnten, putzte pausenlos den penetranten Katergestank aus den Zimmern, verkrachte mich mit meinen Nachbarn, die diesen Wahnsinn nicht mehr ertragen konnten, überforderte meinen Veterinär, der in schnellem Wechsel heilte und einschläferte, und meine Freunde, die die Katzenprobleme und -dramen unaufhörlich mit anhören und miterleben mußten. Die Katzen hatten den Himmel auf Erden, ich die Hölle.

Ella Maillart
Mit Ti-Puss in Raipur

Es war eine aufregende Reise nach dem Norden, eine Reise, die es kaum ein zweites Mal gibt. Über Weihnachten war ich zu einer Tigerjagd eingeladen, und nachher wollte ich für einen Monat nach Benares gehen. Wieder einmal wurde ich wortbrüchig und begab mich zu den »Weißen«, zu ehrlichen Freunden, die meine gegenwärtige Beschäftigung kritisieren mußten.

Inzwischen war die Katze an Eisenbahnfahrten gewöhnt. Wenn sie das Menschengewimmel unerträglich fand, landete sie mit einem flugähnlichen Sprung im Gepäcknetz, und ich band ihre Leine an den Griff meines Tropenkoffers. Aber wenn wir bequem auf einem Eckplatz saßen, band ich sie an der Fensterstange an. Dann hatte Ti-Puss die Hinterbeine auf meinem Schoß, die Vorderbeine auf dem Fensterbrett und betrachtete mit gespitzten Ohren, gestrecktem Hals und wie ein Metronom taktschlagendem Schwanz abwechselnd die lärmende Versammlung auf dem Bahnsteig, wo sich eine quirlende Menschenmasse drängte, und die langen Meilen flachen Landes, wo die einzigen beweglichen Linien die Gleichgewichte der Brunnen waren, die langsam von ihren Achsen aus getrocknetem Lehm in die Höhe stiegen.

Ein lustiges Zwischenspiel fand in Madras statt, das ich aber nicht gern noch einmal durchmachen möchte. Nachdem wir am Morgen von Tiruvannamalai angekommen waren, mußten wir drei Stunden auf unseren Anschluß warten. Diese Zeit verbrachten wir in dem großen

Restaurant, das im ersten Stock lag und um diese Zeit leer war. Müde von der Nachtfahrt, schlief die gefügige Katze zu meinen Füßen auf dem kühlen Fliesenboden.

Während ich las, verflog die Zeit: Ganz plötzlich hieß es aufbrechen; aber die Katze war fort. Unter gewöhnlichen Umständen hätte ich mich nicht zu sorgen brauchen, da sie immer auf meinen Ruf gehorchte. Doch diesmal kam sie nicht, und die Zeit war knapp! Die breite Treppe, die geradewegs zu den Zügen führte, konnte sie nicht hinuntergegangen sein; auf der anderen Seite der geräumigen Galerie lagen Büro, Küche, Lagerräume, Gänge und Waschräume, die ich unruhig durchschritt, wobei ich zu den Leuten, die ich traf, zur Entschuldigung sagte: »Haben Sie meine Katze gesehen?« Aber die verwunderten Tamilen-Angestellten waren nicht hilfsbereit. Eine richtige Eingebung trieb mich, bis zur Gepäckkammer vorzudringen: Dort schlief sie auf einem staubigen Bord! Wenn jemals ein Mensch gerannt ist, um einen Zug noch zu erwischen, und sich dabei die ganze Zeit laut selbst ausgelacht hat, so war ich es, als ich meinen Gepäckträger einzuholen versuchte!

[...]

In Raipur befanden wir uns in einem Haus mit Teppichen und Vorhängen, Sesseln und Kissen. Das weichste Polster wurde von meiner Katze mit Beschlag belegt, als ob sie, wie ich zu meiner Freude sagen kann, immer in großem Stile gelebt hätte. Auf dieselbe königliche Art nahm sie Jane als gegeben hin. Jane war eine große, goldfarbene Setter-Hündin mit einem kräftigen Schwanz, der geräuschvoll an alle Möbelstücke schlug.

»George, was meinst du?« fragte ich. »Muß ich Puss im Lager an meine Zeltstange binden – wegen der umherschleichenden Tiger?«

»Bestimmt wird deine Katze die Tiger mit ihren glühenden Augen, die größer sind als ihr Gesicht, verscheuchen!«

George, mein früherer Gastgeber in Gilgit und Indor, war britischer Geschäftsträger. Er erzählte mir vom Staat Bastar, einem Gebiet so groß wie Belgien, wo wir unter Bisons, Hirschen, Panthern und Tigern kampieren sollten. In der Hauptstadt Jagdalpur sollten wir bei dem jungen Maharadscha wohnen und die Bisonhorn-Tänze der Muria sehen. Und wenn ich bloß mein Studium der Hindu-Weisheit aufgäbe, fügte George hinzu, könnte ich meine ethnologischen Studien bei Verrier Elwin wiederaufnehmen, der bei dem nahen Tschitrakot-Fall arbeitete.

Während George und Nancy bei Sonnenuntergang zum Klub gingen, machte ich mit Ti-Puss einen Spaziergang. Unser Haus lag an der Landstraße, am Ende des Ortes; dann kam eine weite Strecke dürrer Erde, die wie der Boden einer trockenen Lagune aussah, wo man spielen konnte, man wäre in einer grenzenlosen Wüste. Wir jagten einander, wir streckten uns im Sand aus und lauschten den urzeitlichen Stimmen der Kröten in einem fernen Kanal. Wie freute es Ti-Puss, sich hinter einem Busch zu verstekken und mir ans Bein zu springen, wenn ich vorbeischritt!

Aber ich streifte auch gern in der anderen Richtung umher. Hinter unseren Nebengebäuden war ein Holzhof voller baufälliger Schuppen, alter Mauern und bemooster Bäume, wo die aufgeregte Ti-Puss ihren Weg sehr sorgsam erschnüffelte. Wenn mich die Essensglocke überraschte, mußte ich die Katze dort auf einem Balken unter Fledermäusen zurücklassen, während ich über die Mauer unseres Gartens kletterte. Zur Kaffeezeit war sie wieder auf ihrem Kissen, putzte sich nach einem guten Fleischmahl und schaute mich an, als wollte sie sagen: »Endlich werde ich mit gebührender Rücksicht behandelt.«

Doch eines Nachts, als der Vollmond die Erde in ein kaltes blaues Licht tauchte, war es schon Mitternacht, und ich fand mich immer noch allein in meinem großen, stillen Zimmer. Das war noch nie vorgekommen. Kein zartes »Mie ...!« beantwortete meine Rufe. Kläffende Schakale und kreischende Eulen ließen an die Schrecken denken, die mein Haustierchen bedrohen mochten.

Da wir am nächsten Morgen zu unserem Lager in Amrati aufbrechen wollten, lief ich schließlich zwei Stunden herum und suchte sie. Ich lenkte meine Schritte wieder zu der traumhaften trockenen Lagune, die einsam im Schweigen von tausend Sternen lag, und ich hoffte und hoffte immerzu, daß ich bald den lebendigen Pelz an meinem Bein spüren würde. Was wollte der Wind mir sagen, der an meinen unbedeckten Ohren vorbeipfiff? Hatte er sie gesehen? Später, als ich den Holzplatz absuchte, sprach der Wind, der die großen Bäume marterte, in harten, gefährlichen Stößen.

Als ich am Morgen aufwachte, war ich in meinem feindseligen Zimmer immer noch allein. Es war nun nicht mehr nötig, eine Katze an einer Zeltstange festzubinden. Aus Delhi traf Peter ein, der ehemalige Etonschüler. Als er aus dem Auto stieg, begrüßte ich ihn nach jahrelanger Trennung mit den Worten »Guten Tag, Peter. Ich bin so traurig, ich habe soeben mein Kätzchen verloren!« Die

Engländer lieben Tiere. Er verstand mich und antwortete mitfühlend: »Das tut mir leid. Was läßt sich da machen?«

Nichts ließ sich machen. Zwölf Tage lang sollte ich dreihundert Kilometer entfernt sein. Für diese Zeit waren Georges Diener beurlaubt, und die zurückkehrende Katze würde ein geschlossenes Haus vorfinden.

Wie fehlte mir ihre anregende Gesellschaft, die ich sechs Monate lang gehabt hatte! Aber jetzt war es die Katze, um die es ging, nicht ich. Es war ihr etwas zugestoßen. War sie mondsüchtig, daß sie sich so weit entfernt hatte? Ich konnte es nicht glauben, daß sie in einem jähen Entschluß fortgelaufen wäre, und läufig war sie noch nicht. Sie war es gewohnt, bei mir Schutz zu suchen; doch nun würde sie unser Fenster verrammelt finden; sie würde sich in ihrem Vertrauen zu mir getäuscht fühlen. Ja, sie wartete auf mich, brauchte mich zweifellos. Bei meiner Rückkehr von Jagdalpur würde ich sie vorfinden – tot oder lebendig.

Während unseres Lagerlebens staunte ich über die »Autonomie« der vielen wilden Tiere, die alle mit völliger Unverfälschtheit eine andere Daseinsmöglichkeit ausdrükken. Jedes konnte geliebt werden, da es auf seine Weise schön war. Da war der düstere, primitive Eigensinn des Bisons, der geschäftsmäßige Trab der aasfressenden Hyäne, die atemraubende Majestät des Hirsches, die Zeitlosigkeit unseres gezähmten Elefanten, die leichte Behendigkeit flüchtender Affen, die gewichtige Kraft und Herrschsucht des Tigers, vor allem aber die vollkommene Eleganz des Panthers. Später freute ich mich, daß meine Kugel den Panther verfehlte. Ich hatte ihn in der Dämmerung eine Stunde beobachtet: Wie eine stille Woge blassen Lichtes war er unter dem Baum, auf dem ich saß, vorbeigestrichen. Er war das Sinnbild unvergleichlicher Katzenhaftigkeit, nicht der Tiger. Seine Wesensart weckte meine ganze Liebeskraft. Sicher hätte meine Leidenschaft dieses lebendige Wunder zähmen können, anstatt es mit einem Fehlschuß zu erschrecken ...!

Wie herrlich müßte es sein, in Freundschaft unter vielen Tieren zu leben, deren jedes auf andere Weise die eine gleiche Wahrheit verkündete: »Leben ist!«

Ja, Katzen spielen in meinem Dasein eine Rolle. Aber was bedeuten sie im Buch der Symbole, das unsere Welt ist? Beweist nicht die Katze die Schönheit äußerster Unmittelbarkeit, die Leichtigkeit, die aus vollkommener Sammlung erwächst, die unbedingte Ganzheit eines Geschöpfes, welches in der Gegenwart zu leben weiß, die in Wirklichkeit Ewigkeit ist?

Und ich, belastet von meiner Vergangenheit oder meiner Zukunft, gelähmt durch mein Zaudern, ich betete die durch die Katze versinnbildlichte Vollkommenheit an. Kurzsichtige Menschen mögen glauben, daß ich ein Tier anbetete ... mit dem gleichen Unverständnis sind sie überzeugt, daß die Inder den Phallus anbeten.

Nach Raipur zurückgekehrt, zerstreute sich unsere Gesellschaft nach vielen Abschiedsrunden, bei denen ich meinen neckenden Freunden zu beweisen versuchte, daß meine metaphysischen Forschungen befriedigender waren als meine früheren rein physischen Bemühungen.

Ich blieb noch, suchte Spuren meines Kätzchens, ging allein an jeden Ort, wo wir gemeinsam gewesen waren, rief die zärtlichsten Worte in alle vier Weltrichtungen, befragte kühn jeden Vorbeikommenden in der Hoffnung, es würde bald bekannt werden, daß ein Kätzchen gesucht wurde.

Wie hüpfte mir das Herz, als ein Holzfäller sagte, er habe das Tierchen auf dem Dachbalken eines Schuppens gesehen! Ich lief hin und rief ... und erblickte nur einen einäugigen Kater, der mich höhnisch anfauchte.

Am dritten Tage beschloß ich, die Suche aufzugeben. Ti-Puss konnte nicht mehr am Leben sein. Meine Augen und Ohren waren abgestumpft vor Überanstrengung; ich hielt jedes Kreischen für einen Notschrei, jeden aufrechten Stein für meine sitzende Katze, jeden bewegten Schatten für ihr angstvolles Schleichen. Dennoch bat ich plötzlich George und Nancy, als sie zum Klub fuhren, mich zwei Kilometer vom Hause entfernt abzusetzen; es sollte meine letzte Katzensuche sein. Es wurde Zeit, mich aus dieser gefühlsmäßigen Verstrickung zu befreien. Wie lautete die Lehre? Liebe entsteht aus mir, ist mein Ich; darum »bleibt« die Liebe, wenn das geliebte Wesen nicht mehr da ist ... ja, durchaus, das sollte ich selbst erleben.

Wie ein Automat folgte ich der Mauer eines großen Gartens und wiederholte meinen Singsang: »Ti-Puss! Komm zu mir! Wo bist du, mein Liebling?« Ein Gärtner antwortete, seit einer Woche säße ein verwundetes Kätzchen außer Reichweite wimmernd in einem Strauch.

Ich rannte zu einem Loch in der Mauer, rannte zu dem Strauch, immerzu rufend. Ehe ich mich niedergekniet hatte, antwortete mir ein kehliges »Mau«. Ein Knochenbündel hinkte auf mich zu – verstörte Augen und Ohren größer denn je über einem mageren Vogelhals. Himmel, welch ein Anblick! Was für ein leichtes Körperchen!

Aus der Kehle meines Lieblings kam ein lautes Geräusch, das mehr ein Schnarchen als ein Schnurren war. Bisweilen drückte sie ihre feuchte Nase an meinen Hals, wie um zu sagen: »Ja, du bist es, du, endlich!«

Die Tage des Kummers hatten uns für dieses große Fest des Herzens bereitgemacht. »Ich brauche dich, mein Kleines, ich kann ohne dich nicht sein. Und schau, wie sehr du mich auch brauchst!«

Ihr linkes Schlüsselbein war gebrochen; aber ich fand keine Wunde. Bedeutete das, daß die Verletzung von einem Stockhieb stammte? Der alte Gärtner wußte von nichts.

Ich fand einen runden Korb, borgte mir ein Fahrrad aus, traf den Tierarzt zu Hause an. Der Knochen würde heilen, sagte er; aber vielleicht würde sie für immer lahmen. Sie knurrte wütend, als wir ihr einen Gipsverband anlegten.

Wie glücklich war ich, daß ich sie noch dieses letzte Mal gesucht hatte! Sehr stark fühlte ich, daß uns ein Vertrag bindet, wenn wir ein Tier annehmen. Das Tier glaubt höchst wahrscheinlich, daß wir allmächtig seien und verantwortlich für alles Gute und Böse, das ihm begegnet; es wird uns seine Schönheit, seine Freuden und Leiden entgegenbringen, wenn wir unsere Pflichten ihm gegenüber nicht vernachlässigen. Sonst »verfehlen wir den Anschluß« und haben keinen Zutritt zu seiner Welt, die dazu da ist, unser Erleben zu bereichern. Doch um zu verhindern, daß aus diesem Vertrag der Wunsch wurde, ein Geschöpf zu besitzen – ein Wunsch, der mich versklaven würde –, beschloß ich, das Tier als ein täglich neues Geschenk zu betrachten, ein Geschenk, das mit Dankbarkeit entgegengenommen werden mußte.

Colette
Nonoche

Die Sonne versinkt hinter den Ebereschenbäumen, deren grüne Beerendolden da und dort schon einen rosigen Hauch zeigen. Langsam erholt sich der Garten von der Hitze des Tages. Noch hängen die weichen Blätter des Tabaks schlaff herab. Das Blau des Eisenhuts ist ganz gewiß bleicher geworden seit heute morgen, aber die Reineclauden, die gestern noch grün waren unter ihrem silbrigen Staub, haben heute abend alle eine bernsteinfarbige Backe.

Der Schatten der Tauben kreist riesengroß auf der warmen Mauer des Hauses und erweckt mit einem Fächerschlag Nonoche, die in ihrem Korbe schlief...

Ihr Fell hat gefühlt, wie der Schatten eines Vogels über sie hinstrich. Sie weiß nicht recht, was ihr geschehen ist. Sie hat ihre japanischen Augen, deren Grün einem das Wasser im Munde zusammenlaufen läßt, zu schnell geöffnet. Sie sieht dumm aus, wie ein sehr hübsches junges Mädchen, und die Flecken ihres portugiesischen Katzenfells scheinen noch unregelmäßiger verteilt als sonst. Ein orangefarbener Kreis sitzt auf der Wange, ein schwarzer Streifen auf der Schläfe, drei schwarze Punkte am Mundwinkel neben der rosigen Nase... Sie senkt die Augen. Ein dreieckiges Lächeln gleitet über ihr Gesicht: Sie hat sich in der Wirklichkeit wieder zurechtgefunden. An sie geschmiegt, in sie versenkt, liegt, wie eine Schnecke zusammengerollt, ihr schlafender Sohn.

»Wie schön ist er doch!« sagt sie sich. »Und dick! Keines meiner Kinder war so schön. Übrigens erinnere ich mich gar nicht mehr an die anderen ... Er macht mir warm.«

Sie rückt zur Seite und zieht den Bauch ein, bevor sie aufsteht, damit sie ihren Sohn nicht weckt. Dann krümmt sie den Rücken zu einem Dromedarbuckel, setzt sich und gähnt, wobei sie die feinen Rippen eines dreimal schwarzgefleckten Gaumens sehen läßt.

Trotz mehrfacher Mutterschaft hat Nonoche einen kindlichen Ausdruck, der über ihr Alter täuscht. Ihre kräftige Schönheit wird lange jung bleiben. Weder an ihrem Gang noch an ihren schlanken und schmalen Lenden kann man erkennen, daß sie in vier Würfen bereits achtzehn Junge in die Welt gesetzt hat. Die Spitzen ihrer kurzen dichten Haare glänzen und zeigen wie Hermelin im Sonnenlicht alle Farben des Regenbogens. Ihre Ohren sind ein wenig zu lang geraten und verstärken den reizenden Ausdruck des Staunens in ihren schief stehenden Augen. Ihre zarten, mit kurzen, krummen Krallen bewaffneten Pfoten verstehen es, sich zutraulich und weich in eine Freundeshand zu schmiegen.

Leichtfertig, verträumt, leidenschaftlich ist Nonoche, naschhaft, zärtlich und eigensinnig. Sie will nicht mit jedermann umgehen, sondern nur mit Auserwählten, mit Katzenfreunden. Doch selbst diese verstehen sie nicht sofort und sagen: »Welch launenhaftes Tier!« Launenhaft? Nein. Launenhaft ist sie nicht; bloß übermäßig reizbar. In der Freude ist Nonoche immer den Tränen nahe, und selten endet ein Spiel mit Bindfaden oder Wollknäuel ohne hysterische Krise, Gebeiße, Gekralle und rauhes Gefauche. Doch solch eine Krise läßt sich durch verständnisvolles Streicheln überwinden. Gleitet eine sanfte Hand über ihre feinfühligen kleinen Zitzen, so wird die eben noch rasende Nonoche sich weicher als ein Hasenfell auf die Seite strecken und zitternd zu schnurren beginnen. Zuweilen schnurrt sie so stark, daß sie husten muß ...

»Wie schön er ist!« sagt sie, indem sie ihren Sohn betrachtet. »Der Korb wird zu klein für uns beide. Es ist ein wenig lächerlich, daß ein so großes Kind noch bei der Mutter trinkt. Er saugt nun schon mit spitzen Zähnen ... Er kann längst aus der Untertasse trinken, der Geruch rohen Fleisches läßt ihn aufschreien, er scharrt, meinem Beispiel folgend, in der Kiste voll Sägespänen, und zwar ganz ebenso ängstlich und hastig wie ich selber ... Ich habe ihm wirklich nichts mehr beizubringen. Nur entwöhnen muß ich ihn noch. Wie er meine dritte Zitze rechts schon zugerichtet hat! Es ist ein Jammer. Das Fell meines Bauches ringsum sieht aus wie ein Roggenfeld nach einem Regenguß! Aber ach, wenn dieses große Junge sich auf mich stürzt, die Augen geschlossen wie ein Neugeborenes, wenn es seine zu breit gewordene Zunge rings um die Zitze zu einer Rinne zusammenrollt ... mag es mich wild anpacken, beißen, aussaugen, ich habe nicht die Kraft, es daran zu hindern!«

Nonoches Sohn schläft in seinem gestreiften Kleid, mit leblosen Pfoten und zurückgeworfenem Kopf. Unter seiner hochgezogenen Lippe kann man die Spitze der Zunge sehen, die rot ist vom Saugen, und vier sehr harte, kleine Zähne, die aus durchsichtigem Kiesel gemacht scheinen.

Nonoche seufzt, gähnt und steigt vorsichtig über ihren Sohn hinweg. Die Wärme der Fliesen tut den Pfoten wohl. Eine Libelle knistert in der Luft, ihre Flügel aus steifer Gaze streifen herausfordernd Nonoches Ohren. Nonoche zuckt zusammen, runzelt die Stirn und bedroht das türkisblau schimmernde, längliche Tier mit ihrem Blick...

Die Berge hüllen sich in blauen Dunst. Die Tiefe des Tales füllt sich mit weißem Nebel, der schwankend wallt und sich wie eine Welle ausbreitet. Schon steigt ein frischer Hauch von diesem See aus Wasserdampf auf, und Nonoches Nase belebt sich schnuppernd und wird feucht. In der Ferne ruft der Hirt unermüdlich seine Kühe. Kuhglocken bimmeln, der Wind weht friedlichen Stallgeruch herbei, und Nonoche denkt an den Milcheimer, den leeren Eimer, aus dem sie den Kranz restlichen Schaumes leckt... Sie miaut vor Begehrlichkeit. Müßiggang lastet auf ihr, sie langweilt sich. Seit einiger Zeit wird sie allabendlich, wenn es zu dämmern beginnt, von melancholischer Gereiztheit ergriffen, von einem Gefühl der Leere, von einem unbestimmten Verlangen...

Die erste Fledermaus schwingt sich in Zickzackflügen durch die Luft. Sie fliegt so niedrig, daß Nonoche zwei Rattenaugen unterscheiden kann und den roten Samt des feigenförmigen Bauches... Auch so ein Tier, das man nicht recht kennt noch begreift. Es dünkt einen verächtlich und hat doch etwas Beunruhigendes. Durch Gedankenverknüpfung kommt Nonoche der Igel in den Sinn und die Schildkröte, ebenfalls rätselhafte Erscheinungen. Nachdenklich fährt sie sich mit einer speichelbenäßten Pfote übers Ohr...

Doch plötzlich hält sie inne, die Ohren legen sich spitz nach vorn, das herbe Grün der Augensterne wird schwarz...

Hat sie nicht eben aus der Tiefe des Waldes, auf den die wuchtige Dunkelheit der Nacht mit einem Male herabgesunken ist, über das unbewegliche Gold der Weingeländer hinweg, durch alle anderen vertrauten Geräusche hindurch, den Ruf des Katers vernommen? – langgezogen, wild, melodisch, einschmeichelnd?

Sie horcht ... Nichts mehr. Sie hat sich geirrt ... Nein! Der Ruf ertönt von neuem in der Ferne, rauh und zum Weinen traurig, erkennbar unter allen anderen Stimmen. Mit vorgestrecktem Hals sieht Nonoche aus wie die Statue einer Katze. Nur ihr Schnurrbart bewegt sich ein wenig, denn ihre Nasenlöcher zittern. Woher kommt er, der Verführer? Was wagt er zu verlangen, was zu versprechen? Sein Ruf wiederholt sich, ändert den Ton, wird zärtlich, wird drohend. Er nähert sich und bleibt trotzdem unsichtbar. Seine Stimme erklingt aus dem schwarzen Wald, als wäre sie die Stimme des Schattens selbst ...

»Komm! ... Komm! ... Wenn du nicht kommst, ist es um deine Ruhe geschehen. Diese Stunde ist die erste, aber bedenke, daß alle folgenden ebenso wie diese von meiner Stimme erfüllt sein werden, dir ebenso Kunde bringen werden von meinem Begehren ... Komm! ...

Du weißt es, du weißt es nur zu gut, daß ich ganze Nächte hindurch klagen kann, daß ich nicht mehr trinken und nicht mehr essen werde, denn meine Begierde erhält mich am Leben, Liebe ernährt mich ... Komm! ...

Du kennst mein Gesicht nicht, aber was tut das? Voll Stolz teile ich dir mit, wer ich bin: Ich bin der lange Kater, dessen Fell zehn Sommer zerfetzt, den zehn Winter gestählt haben. Eine meiner Pfoten trägt die Narbe einer alten Wunde und hinkt, meine zerschrammten Nüstern sind verzerrt, ich habe nur noch ein Ohr, und das ist von den Zähnen meiner Rivalen zerbissen.

Weil ich immer auf der Erde schlafe, hat die Erde mir ihre Farbe gegeben. So unablässig bin ich umhergestreift, daß meine Pfoten hörnerne Sohlen tragen und hart auf dem Waldpfad klingen wie die Hufe eines Rehs. Ich gehe wie ein Wolf mit zu Boden geducktem Hinterteil, der Stummel meines Schwanzes ist fast kahl... Meine ausgemergelten Flanken stoßen zusammen, die Haut gleitet mir lose über die trockenen Muskeln, die Raub und Gewalttat gestrafft haben... In all dieser Häßlichkeit bin ich dennoch die Liebe! Komm!... Wenn ich dir vor die Augen treten werde, wirst du nichts anderes sehen als die Liebe!

Meine Zähne werden deinen widerspenstigen Nacken beugen, ich werde dein Kleid beschmutzen, ich werde dir ebenso viele Bisse zuteilen wie Liebkosungen. Jede Erinnerung an dein Heim wird ausgelöscht sein in dir, und tage- und nächtelang wirst du meine wilde, heulende Gefährtin sein... Bis die noch dunklere Stunde kommt, da du wieder allein sein wirst. Denn ich werde heimlich entfliehen, deiner überdrüssig, gerufen von einer Unbekannten, die ich noch nicht besessen habe... Dann wirst du zu deiner Heimstätte zurückkehren, ausgehungert, gedemütigt, schmutzbedeckt, blaß die Augen und das Rückgrat eingedrückt, als ob die Jungen schon schwer in deinem Bauch lasteten. Du wirst dich in einen langen Schlaf flüchten, doch in deinen Träumen wird unsere Liebe wieder auferstehen... Komm!...«

Nonoche lauscht. Nichts in ihrer Haltung verrät, daß sie mit sich selbst kämpft, denn die Lüge ist der erste Schmuck einer Verliebten... Sie lauscht, weiter nichts...

Die Dunkelheit erweckt allmählich ihren Sohn im Korb. Wie eine haarige Raupe entrollt er sich, streckt tastend die Pfoten von sich ... Ungeschickt richtet er sich auf, breiter als hoch, und setzt sich in kindlicher Würde zurecht. Das schwindende Blau seiner Augen, das sich bald in Grün oder in blaßes Gold verwandelt haben wird, verrät ein wenig Beunruhigung. Um besser schreien zu können, dehnt er seine gelbliche Nase, gegen die alle Streifen seines Gesichts zusammenlaufen ... Doch er schweigt tückisch: er hat den buntgefleckten Rücken seiner Mutter gesehen, die auf der Terrasse sitzt.

Aufrecht auf seinen vier kurzen Pfoten, der Überlieferung getreu, die ihn diesen barbarischen Tanz gelehrt hat, mit zurückgelegten Ohren, gekrümmtem Rücken, eine Schulter vorgeschoben, nähert er sich in kleinen Sprüngen Nonoche und stürzt sich auf die Ahnungslose ... Welch schöner Spaß! Fast hätte sie geschrien. Nun gibt es sicher bis zum Abendessen ein tolles Spiel!

Doch ein kräftiger Pfotenhieb hat den Angreifer von der Terrasse hinuntergeworfen, und nun hageln harte Schläge auf ihn herab, begleitet von wildem Gefauche und wütenden Blicken ... Mit brummendem Kopf und staubbedeckt, erhebt sich Nonoches Sohn, so erstaunt, daß er nicht einmal zu fragen wagt, warum ihm dies widerfahren ist, noch jener zu folgen, die fortan nie mehr seine Amme sein wird. Würdig schreitet sie den dunklen Gartenweg entlang, dem Walde zu ...

Irmtraud Morgner
Für die Katz

Ich habe einen Menschen gefressen. Neulich. Als ich eine Katze war.

Ich lag schon eine Weile auf stoffbespannten Oberschenkeln und ließ mir das Fell streicheln. Mein Körper, halb gestreckt, kreuzte sie annähernd rechtwinklig. Durch den Stoff hatte ich fünf Krallen geschlagen, drei der rechten Vorderpfote und je eine der beiden Hinterpfoten. Dabei hatte ich mir eine Kralle verbogen. An Bäumen war mir noch keine schadhaft geworden. Amseln sangen mir Appetit auf die Zunge. Mich gelüstete es zu klettern. Richard hielt mich fest. Manchmal möchte er am liebsten einen Hund aus mir machen. Und mich an die Leine legen. Aber ich lasse mich nicht dressieren: Ich habe Charakter. Denn ich bin eine Katze, eine schwarze Katze. Und ich habe es gern, wenn man mich streichelt. Richard tat es schon eine Weile.

Da kam ein Mensch des Weges, mit einem Campingkarren. Und hielt vor unserer Bank. Er störte sehr, aber Richard bot ihm trotzdem einen Platz an. Der Mensch indessen senkte die starre Deichsel seines mit zwei vollgummibereiften Rädern bestückten Karrens, so daß sich der Fuß der unter dem kastenförmigen Aufbau angebrachten Stütze in den Waldboden bohrte, entlud den Kasten und baute aus Sparren und Segeltuch vor unserer Bank ein Faltpult auf. Dann stellte er sich dahinter, zog etliche mit einer Büroklammer zusammengeheftete Blätter maschinenbeschriebenen Papiers unter dem Skapulier hervor und las: »Männer und Frauen, Menschen, meine Welt.« Und dann sprach er frei. Er sprach: »Was machen Sie denn da?« – »Schmusen«, sagte ich. – »Warum?« – Und da habe ich ihn gefressen. Aber nicht gleich. Vorher lüftete er noch den Hut, nahm ein Buch vom Scheitel, bedeckte den wieder und legte das lederolgebundene Buch auf das Pult. Sodann streifte er die weiten Ärmel des Chormantels zurück, öffnete das Buch und beugte sich darüber, wobei er die Schultern und Arme hob, nun die Unterarme abwinkelte und mit den Händen rechts und links eine die Pultplatte einfassende Leiste klammerte. Und Richard bürstete auf meinem Fell herum. Weil er nicht leiden kann, wenn ich andere Männer fixiere. Einmal hat er mir sogar ein rotes Täschchen umgehängt, mit einem Zettel drin. Darauf stand: »Betreten verboten! Der Besitzer.« So einer ist Richard. Aber er hat schöne Hände. Ich schnurrte auf sie ein Gedicht. Der Mensch hob den Kopf und nestelte an seinem weißen Schulterkragen, der sich vom dunklen Chormantel vorteilhaft abhob. Dann beugte er sich wieder über das Buch, blätterte und blätterte. Sein Hut, breitkrempig mit flachem Kopf, stand uns als schwarze Kreisfläche vor Augen. Schließlich sagte der Mensch: »Was schnurren Sie denn da?« – »Unsinn«, sagte ich. Er sagte: »Sie vertun Ihr Dasein mit Unsinn?« – Und da habe ich ihn gefressen. Aber vorher hat Richard noch mein Fell zerzaust, das gerade vom Friseur getrimmt war und toupiert und gelackt. Und ich habe ihn ins Ohr gebissen. Und der Mensch hat auf sein Faltpult geschlagen und gesagt: »Schämen Sie sich denn gar nicht?« Und ich habe gesagt: »Nein, das machen wir immer.« Da hat er gesagt: »Auch während der Arbeitszeit?« Und da habe ich ihn gefressen. Neulich, als ich das Glück hatte, eine Katze zu sein.

Patricia Highsmith
Mings größte Beute

Gerade hatte Ming es sich in der Kabine seiner Herrin am Fußende des Bettes bequem gemacht, als der Mann ihn am Kragen packte, die Kabinentür öffnete, ihn nach draußen auf Deck setzte und die Tür wieder zumachte. Die blauen Katzenaugen wurden weit vor Schreck und Zorn, mußten sich aber bis auf einen schmalen Schlitz gleich wieder schließen, denn das Sonnenlicht war zu hell. Dies war nicht das erstemal, daß man ihn so rücksichtslos aus der Kabine entfernte; und Ming wußte sehr wohl, daß der Mann das nur tat, wenn Elaine, die Herrin, es nicht merkte.

Ein schattiger Platz war jetzt auf dem Segelboot nicht zu finden, doch für Ming war die Hitze noch erträglich. Leichtfüßig sprang er auf das Kabinendach; dort lag hinter dem Mast das zusammengerollte Tau, das er als Ruheplatz schätzte – hier oben konnte man alles gut beobachten, und es ruhte sich auch schön in der Taumulde, sie schützte vor steifen Brisen und milderte, da sie in der Schiffsmitte lag, das plötzliche Schaukeln und Schwanken der ›Weißen Lerche‹. Jetzt waren gerade die Segel gerafft worden, denn Elaine und der Mann hatten soeben ihren Lunch zu sich genommen; darauf folgte meistens eine Ruhestunde, und da wollte der Mann ihn nicht in der Kabine haben, das wußte Ming. Lunch war etwas Gutes; er hatte sich ebenfalls eine Mahlzeit einverleibt, die aus köstlich gegrilltem Fisch und etwas Hummer bestand. Nun lag er bequem zusammengerollt auf dem Tau und öffnete die Schnauze zu einem langen Gähnen; die schrägen Augen waren wegen des Sonnenglastes fast geschlossen, er blinzelte ein wenig und sah in der Ferne die hellbraunen Hügel und die rosa und weißen Häuser und Hotels in der weiten Bucht von Acapulco. Auf der Wasserfläche zwischen dem Boot und dem Strand, wo Menschen herumplanschten, von denen hier nichts zu hören war, glitzerte die Sonne wie tausend kleine elektrische Lichter, die unaufhörlich aus- und angingen. Ein Mann auf Wasserskiern jagte vorbei und ließ eine weiße Gischtspur hinter sich aufsprühen. So viel Tatendrang, dachte Ming schläfrig. Er fühlte, wie die Sonnenwärme ihm tief ins Fell eindrang. Ming stammte aus New York, und Acapulco war für ihn unvergleichlich viel schöner als das Milieu seiner ersten Wochen. Er erinnerte sich an einen sonnenlosen Kasten, der Boden war strohbedeckt, und mit ihm zusammen saßen noch drei oder vier andere Kätzchen darin. Hinter dem Fenster sah man Riesen vorübergehen; manchmal blieb einer stehen und klopfte an die Scheibe, damit Ming aufblickte, und dann ging er weiter. Von seiner Mutter wußte er gar nichts mehr. Eines Tages erschien eine junge Frau, die angenehm roch; die nahm ihn mit sich, fort von dem scheußlichen Geruch nach Hunden, Medizin und Papageienkot. Sie bestiegen etwas, das, wie er jetzt wußte, ein Flugzeug war. Heute war er längst an Flugzeuge gewöhnt und hatte sie gern. Während des Fluges saß er immer auf Elaines Knien oder schlief in ihrem Schoß, und stets gab es etwas zu essen, wenn er hungrig war.

Elaine verbrachte viel Zeit in einem Laden in Acapulco, wo an den Wänden Kleider und Hosen und Badeanzüge hingen. Es roch dort frisch und sauber, in den Vasen und den Blumenkästen vorn an der Straße standen frische Blumen, und der Fußboden war aus kühlen blauweißen Fliesen. Ming durfte überall herumwandern, auch in den Patio hinter dem Laden, oder er konnte in seinem Körbchen schlafen, das in der Ecke stand. Draußen vor dem Laden schien die Sonne, und es war wärmer, aber da trieben sich oft böse Kinder herum, die ihn zu greifen versuchten, wenn er vor der Tür saß. Ruhe hatte er dort fast nie.

Am liebsten lag Ming in der Sonne, wenn seine Herrin ebenfalls auf einem der Liegestühle ausgestreckt lag, die zu Hause auf der Terrasse standen. Weniger lieb waren ihm die Gäste, die sie zuweilen einlud und die dann über Nacht blieben, viele Gäste, die aßen und tranken und bis in die Nacht hinein aufblieben, Klavier oder Schallplatten spielten und die ihn alle von Elaine fernhielten. Sie traten ihm auf die Pfoten, packten ihn manchmal von hinten am Kragen, bevor er entwischen konnte, so daß er sich winden und kämpfen mußte, um freizukommen; sie strichen ihm grob übers Fell oder machten irgendwo eine Tür zu, so daß er nicht hinauskonnte. Menschen! Ming fand sie alle gräßlich. Auf der ganzen Welt mochte er nur Elaine. Sie liebte ihn und verstand ihn auch.

Vor allem diesen einen Mann, der Teddie hieß, verabscheute Ming. Teddie war in letzter Zeit andauernd da, und die Art, wie er Ming ansah, wenn Elaine nichts merkte, mochte Ming gar nicht. Manchmal, wenn sie nicht in der Nähe war, murmelte Teddie etwas, das nach Drohung klang; das verstand Ming. Oder er wollte Ming hinausschicken. Ming nahm es alles gelassen und mit ruhiger Würde auf. Elaine war ja doch auf seiner Seite; der Störenfried war der Mann. In ihrer Gegenwart spielte er manchmal Theater und versuchte Ming zu hätscheln, doch Ming ließ sich darauf nicht ein, er drehte sich um und ging mit zierlichen Samtschritten in anderer Richtung fort.

Jetzt wurde Mings Schläfchen unterbrochen, die Kabinentür ging auf. Er hörte Elaine und den Mann lachen und reden. Der große feuerrote Sonnenball lag fast am Horizont.

»Aber Ming – mein Kleines, Armes!« Elaine trat näher. »Du mußt ja fast gebraten sein bei der Hitze. Ich dachte, du wärst drinnen!«

»Ich auch«, sagte Teddie.

Ming schnurrte, wie er es immer tat beim Erwachen. Behutsam nahm Elaine ihn auf den Arm und trug ihn nach unten in die Kabine, wo es kühl und schattig war. Dabei sagte sie etwas zu dem Mann, und keineswegs in sanftem Ton. Sie setzte Ming vor seinem Schüsselchen mit Wasser ab, und ihr zuliebe trank er ein wenig, obgleich er nicht durstig war. Er war tatsächlich etwas benommen von der Hitze und schwankte ein wenig.

Elaine nahm ein nasses Tuch und fuhr ihm damit sanft über das Gesicht, die Ohren und die vier Pfoten. Dann legte sie ihn vorsichtig auf das Bett, das nach ihrem Parfüm duftete, aber auch nach dem Mann, den Ming haßte. Jetzt zankten sich die beiden, das hörte Ming an dem Ton der Stimmen. Elaine blieb bei Ming auf dem Bettrand sitzen, und nach einer Weile hörte Ming draußen ein klatschendes Geräusch: Teddie war also ins Wasser gesprungen. Ming hoffte, er werde dort bleiben, vielleicht sogar ertrinken, jedenfalls nie wiederkommen. Elaine trat mit einem Waschlappen an den Aluminiumausguß, ließ Wasser darauf laufen, drückte ihn aus, legte ihn auf das Bett und hob Ming hinauf. Sie brachte Wasser, und nun war Ming durstig und trank. Dann ließ sie ihn schlafen, während sie das Geschirr wegräumte – lauter vertraute Geräusche, die Ming gern hörte.

Platsch – platsch – platsch. Ming hörte Teddies nasse Füße oben an Deck und war sofort hellwach.

Der Streit fing wieder an. Elaine stieg die Stufen zum Deck hinauf. Ming blieb angespannt liegen, das Kinn noch auf dem feuchten Tuch, den Blick auf die Kabinentür gerichtet. Jetzt hörte er Teddies Schritte näher kommen. Ming hob ein wenig den Kopf; er wußte, hinter ihm gab es keinen Ausgang, er war in der Kabine gefangen. Der Mann blieb mit dem Badetuch in der Hand stehen und starrte Ming an.

Ming reckte sich, als wollte er gähnen; die Augen schielten etwas, und die Zunge schob sich ein wenig aus der Schnauze. Der Mann wollte etwas sagen, einen Augenblick sah es so aus, als werde er das zusammengerollte Badetuch Ming an den Kopf werfen, doch er zögerte und verschluckte, was er hatte sagen wollen. Dann schleuderte er das Badetuch in den Ausguß und bückte sich, um das Gesicht zu waschen. Es war nicht das erstemal, daß Ming ihm die Zunge herausgestreckt hatte. Oft hatten Leute gelacht, bei einer Party zum Beispiel, wenn Ming das tat, und das hatte Ming gefreut. Aber er spürte auch, daß Teddie es für eine feindliche Geste hielt, und deshalb streckte er ihm eigens und mit Bedacht die Zunge heraus, während es ihm bei anderen Leuten oft unabsichtlich passierte.

Der Streit ging weiter. Elaine war dabei, Kaffee zu machen. Ming fühlte sich besser und stieg wieder auf Deck; die Sonne war nun untergegangen. Elaine ließ den Motor an, und das Boot glitt langsam auf die Küste zu. Ming hörte schon die Vögel singen; es waren sonderbare Rufe, die wie schrille Sätze klangen und die manche Vögel erst bei Sonnenuntergang hören ließen. Ming freute sich auf die Heimkehr in das Steinhaus oben auf der Klippe, sein und Elaines Heim. Er hatte es zu Hause bequemer als auf dem Boot, aber er kannte den Grund, warum sie ihn nie zu Hause ließ, wenn sie mit dem Boot wegfuhr: sie hatte Angst, jemand könnte ihn wegholen oder sogar umbringen. Das verstand er. Sie hatten schon fast unter ihren Augen versucht, ihn zu greifen. Einmal hatte er unversehens in einem Sack gesteckt, und obgleich er wie ein Wilder kämpfte, hätte es ihm wahrscheinlich alles nichts genützt, wenn nicht Elaine selber den Jungen geohrfeigt und ihm den Sack entrissen hätte.

Ming hatte vorgehabt, noch einmal auf das Kabinendach zu springen, doch nach kurzem Blick beschloß er, seine Kräfte zu schonen; er legte sich mit eingezogenen Pfoten auf das noch sonnenwarme abfallende Deck und ließ den Blick über die näher kommende Küste schweifen. Vom Strand herauf kamen Gitarrenklänge. Die Stimmen der Herrin und des Mannes waren jetzt verstummt. Eine Weile übertönte das Chock-chock-chock des Motors die anderen Geräusche; dann hörte Ming, wie bloße Männerfüße die Stufen von der Kabine heraufkamen. Ming wandte nicht den Kopf, nur die Ohren legte er unbewußt ein wenig zurück. Er blickte über das Wasser vor sich und unter sich – es war nur einen Katzensprung entfernt. Sonderbar: von dem Mann hinter ihm kam kein Laut. Die Haare an Mings Hals sträubten sich ganz leicht. Er warf einen Blick über die rechte Schulter. Im gleichen Augenblick bückte sich der Mann und kam mit ausgebreiteten Armen auf ihn zu.

Ming war sofort auf den Füßen und sprang auf den Mann zu; da das Deck keine Reling hatte, blieb ihm kein anderer Weg. Der Mann hob den linken Arm und versetzte Ming einen Stoß vor die Brust, der ihn zurückschleuderte. Die kleinen Krallen kratzten über das Holz, doch die Hinterbeine rutschten über den Decksrand. Mit den Vorderfüßen klammerte sich Ming an das glatte Holz, das wenig Halt bot, während die Hinterbeine sich abmühten, einen Vorsprung zu finden und an der Seitenwand des Bootes hochzuklimmen, die sich – ungünstig für Ming – nach außen wölbte.

Der Mann trat vor, um mit dem Fuß Mings Pfoten vom Deckrand zu schieben, doch in diesem Moment kam Elaine die Treppe herauf.

»Was ist los? Ming!!«

Mings kräftigen Hinterbeinen gelang es allmählich, ihn Schritt für Schritt an Deck zu hieven. Der Mann war niedergekniet, als wollte er ihm helfen. Elaine hatte sich ebenfalls auf die Knie niedergelassen und hielt jetzt Ming am Kragen.

Ming reckte sich, dann hockte er sich auf den Boden. Sein Schwanz war naß.

»Er ist über Bord gefallen«, sagte Teddie. »Er ist immer noch groggy, siehst du. Einfach vornübergefallen, als das Boot schaukelte.«

»Die Sonne ist schuld. Armer Ming!« Elaine hielt ihn

fest an sich gedrückt und trug ihn nach unten in die Kabine. »Teddie – kannst du das Steuer übernehmen?«

Der Mann kam ebenfalls hinunter in die Kabine, wo Elaine Ming auf ihr Bett gelegt hatte und leise zu ihm sprach. Sein Herz schlug immer noch hart und schnell. Er hatte jetzt Angst vor dem Mann am Steuer, obgleich Elaine da war. Sie fuhren in die kleine Bucht, wo sie immer anlegten, bevor sie von Bord gingen.

Hier hatte Teddie viele Freunde und Kumpane, die Ming alle verabscheute, weil sie zu Teddie gehörten, auch wenn dies hier bloß mexikanische Halbwüchsige waren. Einige Bengels in Shorts schrien auch gleich: »Señor Teddie!«, sie boten Elaine die Hand zum Aussteigen, sie ergriffen das Tau, das vorn am Boot festgemacht war, und erboten sich immer wieder, Ming zu tragen. »Ming – Ming!« Mit einem Sprung setzte Ming an Land und hockte sich nieder, um auf Elaine zu warten und schnell zur Seite zu springen, wenn eine Hand näher kam, um ihn zu packen; und es waren viele braune Hände da, die nach ihm zu greifen versuchten und denen er immer wieder ausweichen mußte. Geschrei, Lachen, Getrampel von nackten Füßen auf Holzbohlen, und dann Elaines beruhigende Stimme, die den Jungens warnende Worte zurief. Ming wußte, sie war noch damit beschäftigt, die Plastiktaschen an Land zu bringen und die Kabinentür abzuschließen. Teddie ließ sich von einem der Jungens dabei helfen, die Leinenplane über das Kabinendach zu ziehen. Und nun waren Elaines sandalenbekleidete Füße neben Ming angekommen, und Ming folgte ihr. Ein Junge nahm ihr die Sachen ab, die sie trug, und sie hob Ming auf den Arm.

Sie bestiegen den großen Wagen ohne Dach, der Teddie gehörte, und fuhren die gewundene Straße hinauf zu Elaines und Mings Haus. Einer der Jungens saß am Steuer. Der Ton, in dem Elaine und Teddie miteinander sprachen, war jetzt ruhiger, sanfter. Der Mann lachte. Ming saß angespannt auf Elaines Schoß; er spürte ihre liebevolle Fürsorge an der Art, wie sie ihn streichelte und am Hals kraulte. Der Mann streckte die Hand aus und legte sie Ming auf den Rücken, und Ming ließ ein dunkles Grollen hören, das stieg und absank und tief aus der Kehle kam.

»Na, na«, sagte der Mann mit gespielter Heiterkeit und zog die Hand zurück.

Elaine hatte angefangen, etwas zu sagen, und sich dann unterbrochen. Ming war sehr müde, er wollte jetzt nichts als schlafen, schlafen auf dem breiten Bett zu Hause, auf dem eine rotweiß gestreifte Decke aus dünner Wolle lag. Kaum hatte er den Gedanken zu Ende gedacht, da fand er sich auch schon in der kühlen duftenden Umgebung des eigenen Hauses und wurde behutsam auf das Bett mit der weichen wollenen Decke gelegt. Seine Herrin gab ihm einen Kuß und sagte etwas, in dem das Wort »hungrig« vorkam. Ming hatte verstanden: er sollte ihr Bescheid sagen, wenn er hungrig war.

Ming döste ein und erwachte erst, als er auf der Terrasse in wenigen Metern Entfernung, hinter der offenen Glastür, Stimmen hörte. Es war jetzt ganz dunkel draußen; Ming konnte das Ende des Tisches sehen und erkannte auch an der Art des Lichtes, daß Kerzen auf dem Tisch brannten. Concha, die Dienerin, die im Hause schlief, räumte gerade den Tisch ab; Ming hörte ihre Stimme und dann auch die Stimmen von Elaine und dem Mann. Er roch den Zigarrenrauch, sprang auf und hockte sich einen Augenblick vor die offene Tür, die auf die Terrasse führte. Er gähnte, machte einen Buckel, reckte sich und lockerte die Muskeln, indem er die Krallen in den dicken Sisalteppich grub. Dann glitt er nach rechts hinaus auf die Terrasse und lief lautlos weiter, die breite Steintreppe hinunter in den Garten. Der Garten war wie ein Urwald, eine Dschungelwildnis mit Avocado- und Mangobäumen, die bis zur Terrasse reichten, an der Mauer kletterte Bougainvillea hoch, Orchideen rankten sich an den Bäumen empor, und Magnolien und Kamelien, die Elaine selbst gepflanzt hatte, wuchsen in üppiger Fülle. Ming hörte auch Vögel in den Nestern zwitschern; er kletterte zuweilen hinauf, um an die Nester zu kommen, doch heute abend hatte er keine Lust, obgleich er nicht sehr müde war. Die Stimmen der Herrin und des Mannes beunruhigten ihn. Die Herrin stand heute abend nicht gut mit dem Mann, das war deutlich zu merken.

Concha war sicher noch in der Küche; Ming beschloß hineinzugehen und sie um etwas zu essen zu bitten. Concha hatte ihn gern. Einmal hatte das Haus eine Dienerin gehabt, die ihn nicht mochte; die war von Elaine entlassen worden. Ming dachte lustvoll an gegrilltes Schweinefleisch, das wäre schön heute abend. Die Herrin und der Mann hatten das zum Abendessen gehabt. Vom Meer her wehte eine kühle Brise und fuhr ihm leicht durchs Fell. Er war nun wieder ganz erholt nach dem gräßlichen Erlebnis vorhin, als er fast ins Wasser gefallen war.

Auf der Terrasse war niemand mehr. Ming bog nach links ein, ins Schlafzimmer, und wußte sofort, daß der Mann da war, obgleich kein Licht brannte und er ihn nicht sehen konnte. Der Mann stand am Toilettentisch und war dabei, ein Kästchen zu öffnen. Ohne es zu wissen, ließ Ming noch einmal das tiefe Grollen hören, das aufstieg und wieder absank; er blieb starr so stehen, wie er in dem Augenblick stand, als er den Mann bemerkte: der rechte Vorderfuß war zum nächsten Schritt vorgestreckt und die Ohren zurückgelegt. Er war zum Sprung bereit, irgendwohin, obgleich ihn der Mann noch nicht gesehen hatte.

»Sss-sst, verdammt noch mal!« sagte der Mann leise und stampfte leicht mit dem Fuß auf, um Ming zum Rückzug zu bewegen. Ming rührte sich nicht. Er hörte das weiche Scheppern der weißen Halskette, die der Herrin gehörte und die nun in der Tasche des Mannes verschwand. Der Mann ging rechts an Ming vorbei und zur Tür hinaus, die in das große Wohnzimmer führte. Ming hörte das Klirren der Flasche gegen das Glas, das jetzt gefüllt wurde. Ming ging durch dieselbe Tür und wandte sich nach links, der Küche zu. Miau-miau ... Elaine und Concha waren in der Küche und begrüßten ihn. Aus Conchas Radioapparat ertönte Musik.

»Fisch? – Nein, Braten. Braten mag er gern«, sagte Elaine in dem speziellen Idiom, das Concha leichter verstand.

Ming deutete ohne Mühe an, daß ihm Braten auch lieber sei; er erhielt ihn und fraß mit großem Appetit. Concha rief einmal: »Ahii-iii!«, als die Herrin ihr etwas auseinandersetzte, und sie beugte sich nieder, um Ming zu streicheln. Er duldete es, aber er blickte dabei weiter auf seinen Teller, bis sie aufhörte und er seine Mahlzeit beenden konnte. Elaine ging hinaus. Concha goß ein wenig kondensierte Milch, die Ming sehr liebte, in seine Untertasse, und er leckte sie auf. Zum Dank rieb er schnurrend die Flanke an ihrem nackten Bein und ging dann ebenfalls hinaus. Vorsichtig trat er auf dem Weg ins Schlafzimmer in den Wohnraum, aber die Herrin und der Mann saßen jetzt draußen auf der Terrasse. Ming war gerade im Schlafzimmer angekommen, als er Elaine rufen hörte:

»Ming –? Wo bist du?«

Ming ging zur Terrassentür und blieb einen Augenblick dort stehen, dann setzte er sich auf die Schwelle.

Elaine saß seitwärts am Ende des Tisches. Hell schien das Kerzenlicht auf das lange blonde Haar und die weißen Hosenbeine. Sie klopfte sich auf den Schenkel, und Ming sprang ihr auf den Schoß.

Der Mann sagte etwas mit halblauter Stimme, etwas Unfreundliches. Elaine erwiderte im gleichen Ton, aber sie lachte dazu.

Das Telefon klingelte. Elaine setzte Ming auf den Boden und ging hinüber ins Wohnzimmer.

Der Mann leerte sein Glas, sagte leise etwas zu Ming und stellte das Glas auf den Tisch. Dann stand er auf und versuchte, Ming einzukreisen oder ihn auf den Rand der Terrasse zu treiben, das merkte Ming, und er wußte auch, daß der Mann betrunken war; er bewegte sich langsam und ungeschickt. Rings um die Terrasse lief ein Geländer, das dem Mann etwa bis zur Hüfte reichte; an drei Stellen wurde es von einem Gitterrost durchbrochen, und die Gitterstäbe waren weit genug, daß Ming hindurchschlüpfen konnte, was er jedoch niemals tat, er warf nur zuweilen einen Blick durch die Stäbe. Es war ihm klar, daß der Mann ihn durch eins der Gitter jagen wollte, oder er wollte ihn packen und über die Brüstung werfen. Es war kinderleicht für Ming, ihm auszuweichen. Jetzt ergriff der

Mann einen Stuhl und schwang ihn plötzlich durch die Luft, dabei traf er Ming an der Seite, schnell und heftig, das tat weh. Ming suchte den nächsten Ausweg, das war die Steintreppe, die nach unten in den Garten führte, und lief hinunter. Der Mann kam hinter ihm her. Ohne nachzudenken, schoß Ming die paar Stufen wieder hinauf, die er eben hinuntergelaufen war, wobei er sich dicht an der im Schatten liegenden Mauer hielt. Der Mann hatte ihn nicht gesehen, das wußte er. Er sprang auf das Terrassengeländer, setzte sich und leckte sich einmal die Pfote, nur um sich zu sammeln; sein Herz schlug so hart, als sei er mitten im Kampf. Haß erfüllte ihn, Haß brannte in seinen Augen, als er sich jetzt hinkauerte und horchte, wie der Mann unsicher begann, die Treppe emporzuklimmen. Da – er kam in Sicht.

Ming spannte sich zum Sprung und sprang dann, so hart er konnte, mit allen vieren auf den rechten Arm des Mannes nahe der Schulter, wo er sich an der weißen Jacke festkrallte. Sie fielen beide um, und der Mann stöhnte. Ming ließ nicht locker. Zweige knackten, Ming wußte nicht mehr, was oben und unten war. Er sprang ab, erkannte zu spät die Richtung und den Erdboden und landete auf der Seite. Fast gleichzeitig hörte er, wie der Mann dumpf zu Boden schlug und dann etwas weiter rollte. Stille. Mings Atem ging schnell, die kleine Schnauze stand offen, bis der Schmerz in der Brust nachließ. Aus der Richtung des Mannes kam der Dunst von Alkohol und Tabak und der scharfe Geruch der Angst. Aber der Mann rührte sich nicht.

Ming konnte jetzt ganz gut sehen; auch schien ein wenig Mondlicht durch den Garten. Er machte sich auf den

Weg zur Treppe – ein langer Weg durch Buschwerk über Sand und Steine, bis er die ersten Stufen fand. Er stieg nach oben und stand wieder auf der Terrasse. Elaine kam gerade durch die Glastür nach draußen.

»Teddie?« rief sie und trat zurück ins Schlafzimmer, um eine Lampe anzuschalten. Dann ging sie in die Küche, und Ming folgte ihr. Concha hatte das Licht brennen lassen; sie war jetzt in ihrem eigenen Zimmer, aus dem Radiomusik tönte.

Elaine öffnete die Haustür. Der Wagen des Mannes stand noch auf dem Weg, das sah Ming. Seine Hüfte schmerzte ihn jetzt, oder er spürte den Schmerz erst jetzt; er hinkte leicht. Elaine bemerkte es, legte ihm weich die Hand auf den Rücken und fragte, was ihm fehle. Ming schnurrte nur.

»Teddie – wo bist du?« rief Elaine noch einmal. Sie nahm eine Taschenlampe und leuchtete hinunter in den Garten, zwischen die starken Stämme der Avocadobäume, die Orchideen und Lavendelblüten und die roten Flammen der Bougainvillea. Ming saß in Sicherheit neben ihr auf der Terrassenbrüstung und folgte dem Strahl der Lampe mit den Augen. Er schnurrte behaglich. Gleich hier unten war der Mann nicht, er war weiter hinten und mehr rechts. Elaine trat an die Terrassentreppe, die kein Geländer, sondern nur breite Stufen hatte, und zielte mit dem Lichtstrahl nach unten. Ming blickte nicht hin. Er saß jetzt oben auf der Terrasse, wo die Stufen anfingen.

»Teddie!« rief Elaine. »Teddie!« Sie lief die Stufen hinunter. Ming blieb oben sitzen. Er hörte, wie sie die Luft einzog und dann laut rief: »Concha!« Eilig kam sie die Treppe wieder herauf. Concha war aus ihrem Zimmer gekommen, Elaine sprach mit ihr, und Concha wurde ganz aufgeregt. Elaine trat ans Telefon und sprach eine Weile, dann ging sie zusammen mit Concha die Treppe hinunter. Ming blieb bequem mit eingezogenen Pfoten auf dem Terrassenboden sitzen, der noch immer warm war von der Sonne. Ein Wagen fuhr vor, Elaine kam die Treppe herauf und ging an die Haustür. Ming blieb unbemerkt in einer dunklen Ecke der Terrasse sitzen und schaute zu, wie drei oder vier fremde Männer heraustraten und mit schweren Schritten die Treppe in den Garten hinuntergingen. Er hörte, wie sie unten redeten und dabei hin und her gingen, es knackte in den Büschen, dann kam der Geruch von allen zusammen die Stufen herauf, der Dunst von Tabak und Schweiß und der vertraute Geruch von Blut. Ming war sehr zufrieden. Er freute sich – so wie er sich immer freute, wenn er einen Vogel getötet und den Blutgeruch mit seinen Zähnen hervorgerufen hatte. Das hier war seine Beute – eine mächtige Beute. Keiner sah, wie sich Ming zu seiner vollen Größe aufrichtete, als die Männer mit der Leiche vorbeigingen, und wie er das würzige Aroma seines Sieges mit erhobener Nase einsog.

Dann war auf einmal das Haus ganz leer. Alle waren fort, sogar Concha. Ming trank etwas Wasser aus seinem Schüsselchen in der Küche; dann ging er ins Schlafzimmer der Herrin, sprang auf das Bett, rollte sich auf dem Kissen zusammen und war in kurzer Zeit eingeschlafen. Er erwachte erst durch das laute Rr-rr-rr eines fremden Wagens. Die Haustür wurde geöffnet, er erkannte Elaines und dann auch Conchas Schritte; aber er blieb liegen, wo er lag. Ein paar Minuten lang unterhielten sich die beiden Frauen mit leisen Stimmen, dann kam Elaine ins Schlafzimmer, wo das Licht noch brannte. Ming sah ihr zu, wie sie langsam das Kästchen auf dem Toilettentisch öffnete und mit leisem Scheppern die weiße Halskette hineinfallen ließ. Sie schloß den Kasten und begann ihre Bluse aufzuknöpfen, doch bevor sie damit fertig war, warf sie sich plötzlich auf das Bett und streichelte Mings Kopf, hob seine linke Pfote und drückte sie sanft, so daß die Krallen heraustraten.

»O Ming – Ming«, sagte sie leise.

Und Ming hörte aus ihrer Stimme, wie lieb sie ihn hatte.

Joyce Carol Oates
Niemand kennt meinen Namen

Sie war ein frühreifes Kind, neun Jahre alt. Sie begriff, dass eine Gefahr bestand, noch ehe sie die Katze mit dem distelwollegrauen Fell wie Atem und den goldenen und unbeirrten Augen sah, die sie aus dem Beet scharlachroter Pfingstrosen betrachtete.

Es war Sommer. Babys erster Sommer, sagten sie. Am Lake St. Cloud in den Adirondack Mountains im Sommerhaus mit den dunklen Schindeln und Natursteinkaminen und dem breiten Balkon im ersten Stock, der, wenn man darauf stand, losgelöst von allem frei in der Luft zu schweben schien. Am Lake St. Cloud konnte man die Nachbarhäuser kaum zwischen den Bäumen erkennen, und das gefiel ihr. Geisterhäuser waren sie und ihre Bewohner Geister. Nur Stimmen drangen manchmal herüber, oder Radiomusik, und früh am Morgen von irgendwo am Seeufer Hundegebell, aber Katzen machten keinen Lärm – das war eine der Besonderheiten an ihnen. Als sie die distelwollegraue Katze zum ersten Mal gesehen hatte, war sie zu überrascht gewesen, nach ihr zu rufen, die Katze hatte sie angestarrt und sie die Katze, und ihr war es vorgekommen, als hätte die Katze sie erkannt, oder jedenfalls den Mund zu einer stummen Nachahmung von Sprache geöffnet – kein »Miau« wie in albernen Zeichentrickfilmen, sondern ein Menschenwort. Aber im nächsten Augenblick war die Katze verschwunden, und sie stand allein auf dem Balkon und spürte den Verlust wie Atem, der aus ihr gepresst wurde, und als Mommy herauskam und das Baby trug, das hübsche Zuckerwattetuch über der Schulter, damit der Sabber des Babys ihr nicht auf die Schulter lief, da hatte sie zuerst gar nicht gehört, wie Mommy mit ihr sprach, weil sie so angestrengt nach etwas anderem horchte. Mommy wiederholte, was sie gesagt hatte: »Jessica ...? Schau mal, wer da ist.«

Jessica. Das war das Wort, der Name, den die distelwollegraue Katze nachgeahmt hatte.

Daheim, in der Stadt, waren in der Prospect Street, das war ihre Straße, alle Häuser entblößt wie in einer Hochglanzreklame. Die Häuser waren groß und aus Backsteinen oder Naturstein gemacht, die Rasen ebenfalls groß und gepflegt und niemals voreinander verborgen, niemals heimlich wie am Lake St. Cloud. Die Nachbarn kannten ihre Namen und sagten immer hallo zu Jessica, selbst dann, wenn sie sahen, dass Jessica anderswo hinschaute und dachte: *Ich sehe keinen, sie können mich nicht sehen,* aber immerzu diese Störungen, und auch die Gärten grenzten aneinander und wurden nur durch Blumenrabatten oder Hecken getrennt, über die man sehen konnte. Jessica liebte das Sommerhaus, das Grandma gehört hatte, ehe sie starb und wegging und es ihnen hinterließ, aber sie war nie sicher, ob es *real* war oder nur etwas, das sie träumte. Manchmal fiel es ihr schwer, sich zu erinnern, was *real* war und was *Traum* und ob sie jemals ein und dasselbe sein konnten oder immer unterschiedlich sein mussten. Es war wichtig, das zu wissen, denn wenn sie die beiden verwechselte, würde Mommy es merken und Fragen stellen, und einmal hatte Daddy nicht anders können als vor aller Augen über sie zu lachen, als sie aufgeregt plapperte wie ein schüchternes Kind, das es plötzlich kaum erwarten kann zu reden, und erzählt hatte, wie man das Dach des Hauses hochheben und hinausklettern konnte, indem man die Wolken als Treppe benützte. Daddy unterbrach sie und sagte zu ihr nein, nein, Jessie, Süße, das ist nur ein Traum; er lachte über den betroffenen Ausdruck in ihren Augen, und sie verstummte, als hätte er sie geschlagen, und wich zurück und rannte aus dem Zimmer, um sich zu verstecken. Und zerrte mit den Zähnen an ihrem Daumennagel, um sich selbst zu bestrafen.

Hinterher kam Daddy zu ihr und ging vor ihr in die Hocke, damit er ihr auf einer Höhe in die Augen sehen konnte, und sagte, es täte ihm leid, dass er gelacht hatte, und er hoffte, sie wäre nicht wütend auf Daddy, sie sei nur so *niedlich* gewesen, ihre Augen so *blau*, ob sie Daddy verzeihen konnte? Und sie nickte, ja, aber in ihren Augen standen Tränen des Schmerzes, der Wut, und in ihrem Herzen: *Nein! nein! nein!*, aber Daddy hörte es nicht und gab ihr einen Kuss wie immer.

Das war lange her. Sie war damals noch im Kindergarten gewesen. Selbst ein Baby, so albern. Kein Wunder, dass man über sie gelacht hatte.

Eine schreckliche Sorge war eine Zeit lang, sie könnten in diesem Sommer nicht hinauf zum Lake St. Cloud fahren.

Es war wie schweben – allein der Name. Lake St. Cloud – der Wolkensee. Und Wolken spiegelten sich im See, zogen über die aufgewühlte Wasseroberfläche. Es war *hinauf* zum Lake St. Cloud in den Adirondacks, wenn man in der Karte des Staates New York nachsah, und es war *hin-*

auf, wenn Daddy auf kurvigen, manchmal verschlungenen Straßen in die Vorgebirge und in die Berge fuhr. Sie konnte die Fahrt *hinauf* spüren, und es gab kein Gefühl, das so wunderbar und so seltsam war.

Werden wir zum See fahren? Jessica wagte nicht, Mommy oder Daddy zu fragen, denn die Frage zu stellen hätte bedeutet, eben die Angst zu artikulieren, die die Frage beseitigen sollte. Und dann die Gefahr, das Sommerhaus könnte doch nicht *real* sein, sondern nur Jessicas Traum, weil sie es sich so sehr wünschte.

Bevor das Baby geboren wurde, im Frühling. Nur zweitausendfünfhundertneunundsiebzig Gramm. Vor der C-Sektion, von der sie sie so oft am Telefon sprechen hörte, wenn sie Freunden oder Verwandten berichteten. »C-Sektion« – sie sah geometrische Figuren schweben, Achtecke, Sechsecke, wie in einer von Daddys Architekturzeitschriften, und Baby war in einer davon und musste herausgesägt werden. Die Säge war eine spezielle Säge, das wusste Jessica, ein chirurgisches Instrument. Mommy wollte eine natürliche Geburt, aber es musste »C-Sektion« sein, und das war Babys Schuld, aber niemand sprach darüber. Es hätte Wut auf das Baby herrschen sollen, Zorn und Abscheu, weil Jessica so viele Monate *gut* war und das künftige Baby *böse*. Aber niemand schien das zu merken oder zu bedenken. *Gehen wir dieses fahr zum See? Liebst du mich noch?* – Jessica wagte nicht zu fragen, aus Angst vor der Antwort.

Das war das Jahr, das Jahr von Mommys anschwellendem Bauch, als Jessica plötzlich eine Menge Dinge wusste, ohne zu wissen, woher sie sie wusste. Je mehr ihr nicht gesagt wurde, desto mehr begriff sie. Sie war ein ernstes, zierliches Kind mit blauen Perlmuttaugen und einem fein geschnittenen Oval von einem Gesicht, wie das Gesicht einer Keramikpuppe, und hatte die von allen Erwachsenen missbilligte Angewohnheit, ihren Daumennagel abzubeißen, bis es blutete, oder sogar am Daumen zu lutschen, wenn sie sich unbeobachtet glaubte, aber vor allem besaß sie die Gabe, sich manchmal unsichtbar zu machen und zu beobachten und zu horchen und mehr zu hören, als gesagt wurde. Die Zeiten, wenn Mommy diesen Winter nicht wohl war, die dunklen Ringe unter ihren Augen, ihr wunderschönes kastanienfarbenes Haar stumpf hinter die Ohren gekämmt, ihr keuchender Atem, wenn sie nur die Treppe hochging oder das Zimmer durchquerte. Oberhalb der Taille war Mommy immer noch Mommy, aber unterhalb der Taille, wo Jessica nicht gerne hinsah, da war das Ding, künftiges Baby, künftige Schwester, grotesk in ihr angeschwollen, sodass es aussah, als würde ihr Bauch jeden Moment platzen. Mommy konnte Jessica vorlesen oder ihr beim Baden helfen, wenn plötzlich die Schmerzen zuschlugen, wenn Baby sie fest trat, so fest, dass Jessica es auch spüren konnte und die gesunde Farbe aus Mommys Gesicht wich und ihr heiße Tränen in die Augen schossen. Dann küsste Mommy Jessica rasch und ging weg. Und wenn Daddy zu Hause war, rief sie mit dieser speziellen Stimme nach ihm, die bedeutete, dass sie ruhig zu bleiben versuchte. Daddy sagte: *Liebling, mach dir keine Sorgen, es ist alles in Ordnung, ich bin sicher, es ist alles in Ordnung,* und er half Mommy, sich irgendwo bequem hinzusetzen oder mit hochgelegten Beinen zu liegen; oder langsam, wie eine alte Frau, den Flur entlang zum Badezimmer zu gehen. Darum lachte Mommy so oft und war außer Atem und fing unvermittelt an zu weinen. *Diese Hormone!,* sagte sie lachend. *Oder ich bin zu alt! Wir haben zu lange gewartet! Ich bin fast vierzig! Gott steh mir bei, ich wünsche mir dieses Baby so sehr!* Und Daddy würde sie trösten, nachsichtig schimpfen, er war es gewöhnt, Mommy in ihren Launen beizustehen. *Pssst! Was ist das für dummes Zeug? Möchtest du Jessie Angst machen, möchtest du mir Angst machen?* Und Jessica konnte es hören, auch wenn sie schlafend in ihrem Zimmer im Bett lag, und wusste es, und am Morgen erinnerte sie sich daran, als wäre das, was *real* war, auch ein *Traum*, mit der heimlichen Macht des *Traums*, einem ein Wissen zu vermitteln, von dem andere nicht wussten, dass man es besaß.

Aber Baby kam zur Welt und bekam einen Namen: _____. Den Jessie flüsterte, aber in ihrem Herzen nicht *sagte*.

Baby kam im Hospital zur Welt, es wurde wie geplant aus der C-Sektion gesägt. Jessica wurde mitgenommen, um Mommy und Baby _____ zu besuchen, und die Überraschung, *die beiden zusammen zu sehen,* Mommy so müde und doch glücklich, und Baby, das ein *es* gewesen war, eine hässliche Schwellung in Mommys Bauch, war so schmerzhaft wie ein Stromschlag, der blitzschnell durch Jessica hindurchschoss, als Daddy sie an Mommys Bett auf dem Knie balancierte, aber keine Spur hinterließ. *Jessie, Liebling – schau mal, wer da ist. Dein Schwesterchen _____, ist sie nicht wunderschön? Sieh dir ihre winzig kleinen Zehen an, ihre Augen, sieh die Haare, sie haben dieselbe Farbe wie deine, ist sie nicht wunderschön?* Und Jessica blinzelte nur ein- oder zweimal und konnte mit ihren trockenen Lippen sprechen, konnte antworten, was sie von ihr erwarteten, als würde sie in der Schule aufgerufen werden, wenn ihre Gedanken in Scherben lagen wie ein zerschellter Spiegel, sie sich aber nichts anmerken ließ, weil sie die Macht hatte; man darf Erwachsenen nur erzählen, was sie von einem erwarten, dann lieben sie einen.

Baby kam also zur Welt und alle Befürchtungen waren unbegründet. Und Baby wurde im Triumphzug in das vor Blumen überquellende Haus in der Prospect Street gebracht, wo speziell für das kleine Mädchen ein Kinderzimmer eingerichtet und neu gestrichen worden war. Und acht Wochen später wurde Baby im Auto hinauf zum Lake St. Cloud gefahren, denn Mommy war jetzt wieder kräftig genug, und Baby nahm so zu, dass selbst der Kinderarzt beeindruckt war, es konnte einen schon ansehen und lächeln, oder scheinbar lächeln, und den kleinen, zahnlosen Mund staunend aufsperren, wenn es seinen Namen hörte ____! ____! ____!, den die Erwachsenen so unermüdlich aussprachen. Denn alle vergötterten Baby, jeder Pups versetzte sie in Entzücken. Alle waren erstaunt über Baby, das nur blinzeln und sabbern und gurgeln und mit rotem Gesicht krächzen musste, wenn es die Eingeweide in seine Windel entleerte, oder in der batteriebetriebenen Wiege unvermittelt einschlafen, wie hypnotisiert – *ist sie nicht wunderschön! Ist sie nicht allerliebst!* Und Jessica wurde die Frage immer, immer, immer wieder gestellt: *Bist du nicht glücklich, dass du ein Schwesterchen hast?* Und Jessica kannte die Antwort, die sie geben musste, mit einem Lächeln geben musste, ein rasches, schüchternes Lächeln und ein Nicken. Denn jeder brachte Geschenke für Baby, wo sie einst Geschenke für ein anderes Baby gebracht hatten. (Aber, wie Jessica erfuhr, als sie Mommy belauschte, die sich mit einer Freundin unterhielt, es kamen viel mehr Geschenke für Baby, als für Jessica gekommen waren. Mommy gestand ihrer Freundin, dass es wirklich *zu viele* waren, sie fühlte sich schuldig, denn jetzt, wo es ihnen gut ging, wo sie nicht mehr sparen und knausern mussten wie bei Jessicas Geburt, *jetzt* wurden sie mit Babysachen überschüttet, fast dreihundert Geschenke! Sie würde ein ganzes Jahr lang Dankeskarten schreiben müssen.)

Am Lake St. Cloud, dachte Jessica, wird alles anders werden.

Am Lake St. Cloud wird Baby nicht mehr so wichtig sein.

Aber sie täuschte sich: Sie merkte gleich, dass sie sich täuschte und es vielleicht ein Fehler gewesen war, hierherkommen zu wollen. Denn noch niemals vorher hatte in dem alten Sommerhaus eine derartige *Regsamkeit* geherrscht. Und so ein *Lärm*. Manchmal bekam Baby eine Kolik und schrie und schrie und schrie die ganze Nacht hindurch, und bestimmte spezielle Zimmer, wie etwa das Sonnenzimmer im ersten Stock mit den wunderbaren, vergitterten Fenstern und Blick auf den See, wurden Baby gegeben und nahmen bald Babys Geruch an. Und manchmal wurde der Balkon oben, wo Fichtenfinken, zahme, kleine Vögel, die in den Bäumen flatterten, ihre lieblichen, fragenden Rufe ausstießen, Baby gegeben. Die weiße Babywiege aus Korb, ein Familienerbstück mit weißen und rosa Seidenbändern, die in das Korbgeflecht geflochten waren, und einem Gazeschleier, der manchmal zugezogen wurde, um Babys empfindliches Gesicht vor der Sonne zu schützen; der Wickeltisch, auf dem sich die Windeln stapelten; Babydecken, Babyschuhe, Babyhöschen, Babypyjamas, Babylätzchen, Babypullover, Babyrasseln, Mobiles, Plüschtiere – überall. Wegen Baby kamen mehr Besucher als vorher zum Lake St. Cloud, entfernte Tanten und Onkel, die Jessica nicht kannte; und die Fragen, die Jessica gestellt wurden, waren immer: *Bist du glücklich, dass du ein Schwesterchen hast, ein wunderschönes Schwesterchen?* Vor diesen Besuchern graute Jessica mehr als vor Besuchern in der Stadt, denn sie waren Eindringlinge in diesem speziellen Haus, diesem Haus, wo Jessica angenommen hatte, alles würde wie immer sein, vor Baby oder auch nur einem Gedanken an Baby. Aber selbst hier war Baby das Zentrum des Glücks und der Mittelpunkt der Aufmerksamkeit. Als würde strahlendes Licht aus Babys runden, blauen Augen leuchten, das alle *außer Jessica* sehen konnten.

(Oder taten sie nur so? Bei Erwachsenen war so vieles gespielt oder regelrecht gelogen, aber man wagte nicht, danach zu fragen. Denn dann wussten *sie*, dass *man* Bescheid wusste. Und sie liebten einen nicht mehr.)

Dieses Geheimnis wollte Jessica der distelwollegrauen Katze mit dem Fell wie Atem erzählen, aber dem ruhigen, abschätzenden und gelassenen Blick der Katze entnahm sie, dass die Katze es schon wusste. Der Kater wusste mehr als Jessica, denn er war älter als Jessica und schon lange vor ihrer Geburt hier am Lake St. Cloud gewesen. Sie hielt ihn für die Katze eines Nachbarn, aber in Wirklichkeit war er ein wilder Kater, der niemandem gehörte – *ich bin, wer ich bin, und niemand kennt meinen Namen.* Aber er war wohlgenährt, denn er war ein Jäger. Seine braungoldenen Augen sahen in der Dunkelheit, wie es Menschenaugen niemals konnten. Wunderschön mit seinem glänzenden grauen Fell, kaum wahrnehmbar mit Weiß durchzogen, und dem weißen Lätzchen, den weißen Pfoten, der weißen Schwanzspitze. Er war ein Angorakater, halb Perserkatze, mit dichterem und flauschigerem Fell als jede andere Katze, die Jessica jemals zuvor gesehen hatte. Schultern und Schenkeln sah man an, dass er kräftige Muskeln hatte, und natürlich waren seine Bewegungen unvorhersehbar – eben noch sah es so aus, als würde er zu Jessicas ausgestreckter Hand laufen, um ein Stück Frühstücksspeck von ihr zu nehmen und sich streicheln zu lassen, wenn sie »Miez-miez-miez! Oh, Kätzchen –« gurrte, und im nächsten Moment verschwand er im Gebüsch hinter den Pfingstrosenstauden, als wäre er nie da gewesen. Ein leises Rascheln in seinem Kielwasser, dann nichts mehr.

Sie zog mit den Zähnen an ihrem Daumennagel, bis Blut kam, um sich selbst zu bestrafen. Denn sie war so ein dummes Kind, so ein hässliches, dummes, vernachlässigtes Kind, dass sogar die distelwollegraue Katze sie verabscheute.

Daddy war eine Woche von Montag bis Donnerstag in der Stadt, und als er anrief, um mit Mommy zu reden und mit Baby Babysprache zu reden, lief Jessica weg und versteckte sich. Später schimpfte Mommy sie aus. »Wo warst du? Daddy wollte dir hallo sagen«, und Jessica antwortete mit vor Enttäuschung großen Augen: »Mommy, ich war die ganze Zeit hier.« Und brach in Tränen aus. Die distelwollegraue Katze springt hoch, um eine Libelle in der Luft zu fangen und zu fressen.

Die distelwollegraue Katze springt hoch, um einen Fichtenfink zu fangen, dem sie mit den Zähnen die Federn ausreißt und den sie am Rand der Lichtung frisst.

Die distelwollegraue Katze springt von einem Kiefernast hoch zum Balkon und läuft mit hochgestrecktem Schwanz auf dem Geländer entlang zu Baby, das in der Wiege schläft. Und wo ist Mommy?

Ich bin, wer ich bin, und niemand kennt meinen Namen.

Jessica wurde im Kiefernduft dieses kühlen Zimmers, das sie zuerst nicht wiedererkannte, aus dem Schlaf gerissen, weil ihr etwas über das Gesicht strich, ein Kribbeln auf Lippen und Nase, und ihr Herz klopfte vor Angst – aber Angst wovor, denn was es gewesen war, das ihr den Atem auszusaugen und sie zu ersticken drohte, was es war, wer es war, das wusste sie nicht.

Es hatte auf ihrer Brust gekauert. Schwer, pelzig-warm. Mit ruhigen, golden leuchtenden Augen. Küsschen? Küsschen-Küsschen, Baby? – aber *sie war nicht Baby*, niemals Baby!

Es war Juli, die scharlachroten Pfingstrosen verblüht, und jetzt kamen weniger Besucher. Baby hatte einen Tag und eine Nacht Fieber gehabt, und Baby hatte sich irgendwie (wie? In der Nacht?) mit dem eigenen winzigen Fingernagel unter dem linken Auge gekratzt, und Mommy war schrecklich aufgeregt und musste daran gehindert werden, mit Baby neunzig Meilen zu einem speziellen Kinderarzt in Lake Placid zu fahren. Daddy gab Mommy und Baby auch einen Kuss und schimpfte mit Mommy, weil sie zu überängstlich war, um Himmels willen, Liebling, nimm dich zusammen, das ist nichts, gar nichts, das weißt du, wir haben es schließlich schon einmal durchgemacht, oder nicht? – und Mommy versuchte mit ruhiger Stimme zu antworten und sagte: Ja, aber jedes Baby ist anders und ich bin jetzt auch anders, ich liebe _____ mehr, als ich Jessie je geliebt habe, Gott vergib mir, aber ich glaube, das ist so. Und Daddy seufzte und antwortete: Nun, ich schätze, das gilt auch für mich, wahrscheinlich liegt es daran, dass wir jetzt beide reifer sind und wissen, wie unsicher das Leben ist, und wir wissen, wir werden nicht ewig leben, wie einst, und vor zehn Jahren *waren* wir jünger – und hinter mehreren dicken Wänden, nachts im Sommerhaus über dem See, wo Stimmen weiter tönten als in der Stadt, lutschte Jessica am Daumen und horchte; und was sie nicht hörte, das träumte sie.

Immer, seit Mommy letzten Winter nicht wohl gewesen war und das künftige Baby ihren Bauch anschwellen ließ, hatte Jessica gewusst, dass Gefahr bestand. Darum lief Mommy so vorsichtig, und darum hörte sie sogar auf, Weißwein zu trinken, den sie zum Abendessen so gern hatte, und darum durfte kein Besucher, nicht einmal Onkel Albie, den alle liebten und der ein Kettenraucher war, mehr im Haus rauchen. Nie wieder! Und selbst im Sommer bestand die Gefahr, einen Zug zu bekommen – Baby war anfällig für Infektionen der Atemwege, obwohl es inzwischen fast doppelt so viel wog. Und es bestand die Gefahr, dass jemand, ein Freund oder Verwandter, Baby unbedingt halten wollte, aber nicht wusste, wie er Babys Hals und Kopf stützen musste, die empfindlich waren. (Nach zwölf Wochen hatte Jessica ihre kleine Schwester noch nicht in den Armen gehalten. Sie war schüchtern, sie war ängstlich. *Nein, danke, Mommy,* sagte sie leise. Nicht einmal, wenn sie dicht neben Mommy saß, sodass die drei sich an einem gemütlichen, regnerischen Tag vor dem Kamin aneinander kuscheln konnten, nicht einmal wenn Mommy Jessicas Hände führte – *Nein, danke, Mommy.*) Und wenn Mommy nur ein wenig aß, das nicht gut für das Baby war, zum Beispiel Salat, wurde Baby quengelig und unruhig nach dem Stillen, weil es Gase mit der Muttermilch einsog, und weinte die ganze Nacht. *Aber niemand war wütend auf Baby.*

Doch alle waren wütend auf Jessica, als Baby eines Abends in seiner Wiege neben Mommy keuchte und um sich trat und schrie und Jessica plötzlich ihr Essen auf den Teller spuckte und die Hände auf die Ohren drückte und aus dem Esszimmer rannte, während Mommy und Daddy und die Gäste im Wochenendhaus ihr hinterherstarrten.

Und dann ertönte Daddys Stimme: »Jessie? Komm hierher zurück –«

Und dann Mommys Stimme, ganz erstickt, so gekränkt war sie. »Jessica! Das ist *garstig* –«

In dieser Nacht kam die distelwollegraue Katze auf den Fenstersims geklettert, wo ihre Augen im Schatten leuchteten. Jessica blieb ängstlich vollkommen reglos im Bett liegen. *Saug mir den Atem nicht weg! Nicht!* und nach einer langen Pause hörte sie ein leises, heiseres Vibrieren, ein tröstliches Geräusch, wie Schlaf, und das war die distelwollegraue Katze, die schnurrte. Und da wusste Jessica, sie war in Sicherheit, und sie wusste, sie würde schlafen. Und sie schlief.

Erwachte am Morgen, weil Mommy schrie. Sie schrie und schrie, und ihre Stimme stieg an wie etwas, das an einer Wand hinaufkletterte. Sie schrie, aber jetzt war Jessica wach und hörte die Schreie eines Hähers vor dem Fenster in den Kiefern, wo ein Schwarm Häher hauste, und wenn etwas sie störte, dann kreischten sie, flogen pfeilschnell davon und flatterten mit den Flügeln, um ihre Jungen zu beschützen.

Die distelwollegraue Katze lief hinter dem Haus entlang, hatte den Schwanz steil in die Höhe gereckt, den Kopf erhoben und einen zuckenden Vogel mit blauem Gefieder zwischen den kräftigen Kiefern.

Die ganze Zeit gab es etwas, worüber Jessica nie nachdachte, niemals. Ihr Magen drehte sich dabei Ekel erregend um, und ein greller, heißer Gallegeschmack schoss ihr in den Mund, *darum dachte sie niemals darüber nach.*

Auch Mommys Brüste in den weiten Hemden und Blusen sah sie nicht an. Brüste voll warmer Milch, wie Ballons aufgebläht. *Stillen* nannte man es, aber Jessica dachte nicht daran. Das war der Grund, warum Mommy sich nie länger als eine Stunde von Baby entfernen konnte – tatsächlich liebte Mommy Baby so sehr, dass sie es nie mehr als wenige Minuten ertrug, von ihm getrennt zu sein. Wenn es Zeit wurde, wenn Baby anfing zu quengeln und zu schreien, entschuldigte sich Mom, Stolz und freudige Erregung im Gesicht, und trug Baby zärtlich weg, in Babys Zimmer, wo sie die Tür schloss. Jessica lief aus dem Haus und drückte die Fäuste auf die Augen, während sie krank vor Scham davonrannte. *Ich habe das niemals getan. Ich war kein Baby, niemals.*

Und noch etwas lernte Jessica. Sie hielt es für einen Trick der distelwollegrauen Katze, ein geheimes Wissen, das ihr vermittelt wurde. Eines Tages wurde Jessica plötzlich klar, dass es mitten unter Augenzeugen (eingeschlossen Mommy, die so hellsichtig war, dass sie Baby mit offenen Augen »ansehen« konnte und Baby doch nicht »sah«), wenn Baby in der Wiege lag oder im Kinderwagen oder in Mommys oder Daddys Armen, *eine Leere gab.*

So wie sie imstande war, Babys Namen zu hören, _____, und diesen Namen _____ falls erforderlich auch auszusprechen und ihn doch im Innersten ihres Herzens nicht zur Kenntnis zu nehmen.

Ihr war klar, dass das Baby bald weggehen würde. Denn als Grandma krank geworden war und ins Krankenhaus gebracht wurde, Grandma, die Daddys Mutter war und einst das Sommerhaus am Lake St. Cloud besessen hatte, war Jessica nervös und schüchtern in Gegenwart der alten Frau gewesen, obwohl sie die alte Frau liebte, als sie erst einmal den süßlichen Orangengeruch wahrnahm, der von Grandmas verschrumpeltem Körper ausströmte. Und wenn sie Grandma anschaute, kniff sie manchmal die Augen zusammen, sodass sie, wo Grandma lag, verschwommen wie im Traum eine Gestalt und danach Leere sah. Damals war sie ein kleines Mädchen gewesen, vier Jahre alt. Sie hatte in Mommys Ohr geflüstert: »Wo geht Grandma hin?«, und Mommy sagte ihr, sie solle still sein, einfach nur still sein. Die Frage schien Mommy aus der Fassung gebracht zu haben, daher wusste Jessica, dass sie nicht noch einmal fragen durfte, auch ihren Daddy nicht. Sie hatte nicht gewusst, ob sie sich vor der Leere fürchtete, wo Grandma war, oder ob sie beunruhigte, dass sie so tun musste, als wäre da etwas in dem Krankenbett, irgendetwas, das mit *ihr* zu tun hatte.

Nun sprang die distelwollegraue Katze jede Nacht auf Jessicas Fenstersims, wo das Fenster offen stand. Mit einem Schwung der weißen Pfote drückte sie das Fliegengitter nach innen, damit sie hereinkonnte; ihre goldbraunen Augen glommen wie Münzen und das kehlige Miauen klang wie eine spöttische Menschenfrage – *Wer? Du?* Und das tiefe, vibrierende Miauen, das wie Gelächter klang, wenn der Kater lautlos auf das Fußende von Jessicas Bett sprang und näher stapfte und unter ihren staunenden Blicken die Schnauze – die Schnauze, die warm war und klebrig vom Blut der Beute, die er gerade getötet und verschlungen hatte – an ihr Gesicht drückte! *Ich bin, wer ich bin, und niemand kennt meinen Namen.* Die distelwollegraue Katze lag schwer auf Jessicas Brust und drückte sie nieder. Sie versuchte, das Tier wegzuschieben, konnte es aber nicht. Sie versuchte zu schreien, nein, sie lachte unbeherrscht – die steifen Schnurrhaare kitzelten so. »Mommy! Daddy! –« Sie versuchte, Luft zum Schreien zu holen, konnte es aber nicht – denn die riesige Katze, die auf ihrer Brust hockte, saugte ihr den Atem aus.

Ich bin, wer ich bin, und niemand kennt meinen Namen. Niemand kann mich aufhalten.

Es war ein kühler, himmelblauer Morgen in den Bergen. Um diese Tageszeit, zwanzig nach sieben, war der Lake St. Cloud ruhig und einsam, keine Segelboote oder Schwimmer, und das Kind saß barfuß, in kurzen Hosen und T-Shirt am Rand des Stegs, als sie von der Küchentür nach ihr riefen und sie es zuerst nicht zu hören schien, aber sich dann doch langsam umdrehte und zum Haus zurückkehrte, wo sie ihren seltsam verkniffenen Gesichtsausdruck bemerkten und sie fragten, ob sie sich unwohl fühlte – stimmte etwas nicht? Ihre Augen hatten eine durchscheinende, perlmuttartige blaue Farbe, die nicht zu den Augen eines Kindes zu passen schien. Leichte, aufgedunsene Schwellungen unter den Augen. Mommy, die Baby in der Armbeuge hielt, blieb linkisch stehen und strich Jessica das ungekämmte Haar aus der Stirn, die sich kalt und wächsern anfühlte. Daddy, der Kaffee brühte, fragte sie lächelnd und stirnrunzelnd, ob sie wieder schlecht geträumt hatte? Sie hatte als kleines Kind beängstigende Träume gehabt und damals bei Mommy und Daddy geschlafen, zwischen ihnen in dem großen Bett, wo sie in Sicherheit gewesen war. Aber sie sagte ihnen zurückhaltend, nein, sie wäre nicht krank, es ginge ihr gut. Sie sei nur früh aufgewacht, mehr nicht. Daddy fragte sie, ob Babys Schreien mitten in der Nacht sie gestört hätte, woraufhin sie erwiderte, nein, sie hätte kein Schreien gehört, und Daddy sagte wieder, wenn sie Albträume hätte, sollte sie es ihnen sagen, und sie antwortete mit ihrer ernsten, bedachten Stimme: »Wenn ich Träume hatte, kann ich mich nicht daran erinnern.« Dann lächelte sie, nicht Daddy an, oder Mommy, ein flüchtiger Ausdruck der Verachtung. »*Dafür* bin ich zu alt.«

»Niemand ist zu alt für Albträume, Kleines.« Mommy lachte traurig und beugte sich herunter, um Jessica auf die Wange zu küssen, aber Baby zappelte und quengelte und Jessica wandte sich ab. Sie würde sich nicht von Mommys Tricks einlullen lassen oder von Daddys. Nie wieder.

So passierte es, als es passierte.

Auf dem Balkon unterhielt sich Mommy in sonnigen Windstößen, dem Duft von Kiefernnadeln und den Schreien von Kiefernfinken mit einer Freundin am schnurlosen Telefon, und Baby, das gerade gestillt worden war, lag schlafend im Erbstück, der Wiege mit den flatternden Satinbändern; Jessica, die an diesem Nachmittag Unruhe verspürte, lehnte über das Geländer und betrachtete den gläsernen See mit Daddys Fernglas – das andere Ufer, wo Pünktchen, für das bloße Auge lediglich als helle Tupfen zu erkennen, zu winzig kleinen Menschen wurden – ein Schwarm Stockenten in einer Bucht an der Grenze des Grundstücks – das dichte Gras und Unterholz hinter dem Pfingstrosenbeet, wo Jessica eine Bewegung gesehen hatte. Mommy murmelte: »Oh, verdammt! – diese Verbindung!« und sagte Jessica, sie würde das Gespräch unten fortsetzen, am anderen Telefon, sie sei nur ein paar Minuten weg und ob Jessica auf das Baby aufpassen würde? Und Jessica zuckte die Achseln und sagte, ja, natürlich. Mommy, die barfuß war und ein weites Sommerkleid trug, so tief ausgeschnitten, dass Jessica die Augen zusammenkneifen musste, sah in Babys Wiege, um sich zu vergewissern, dass Baby *tatsächlich* fest schlief, dann eilte Mommy nach unten, und Jessica konzentrierte sich wieder auf das Fernglas, das schwer in ihren Händen lag, sodass ihre Handgelenke schmerzten, wenn sie sie nicht auf dem Geländer abstützte. Sie zählte verträumt die Segelboote auf dem See, fünf befanden sich in ihrer Sichtweite, und das machte sie mürrisch, weil es schon nach dem vierten Juli war und Daddy versprochen hatte, er würde das Segelboot richten und mit ihr hinausfahren, im vergangenen Sommer war Daddy um diese Zeit schon gesegelt, obwohl er immer sagte, dass er kein begnadeter Segler sei, er brauchte perfektes Wetter und heute wäre der ganze Tag perfekt gewesen – aber Daddy war heute in seinem Büro in der Stadt und würde erst morgen Abend wieder hier sein –, und Jessica war mürrisch, kaute auf ihrer Unterlippe und dachte daran, dass jetzt Baby da war und Mommy wahrscheinlich sowieso nicht mit ihnen in dem Boot segeln würde, alles hatte sich verändert. Und würde nie wieder so sein wie früher. Und Jessica sah Vögel hektisch in den Kiefern flattern und einen verschwommenen Schemen, grau wie Dunst, der aus ihrem Gesichtsfeld sprang, war das ein Vogel? Eine Eule? Sie versuchte, ihn in den Kiefernzweigen zu finden, die so unheimlich vergrößert wurden, jeder Zweig jede Nadel, jedes Insekt überproportioniert und scheinbar nur zwei Zentimeter von ihren Augen entfernt, als Jessica feststellte, dass sie ein seltsames, nervtötendes Geräusch hörte, ein röchelndes, keuchendes Geräusch und ein rhythmisches Knirschen von Holz; sie drehte sich verblüfft um und sah keine drei Meter hinter sich die distelwollegraue Katze in der Wiege sitzen, auf Babys winziger Brust, wo sie die Schnauze auf Babys Mund drückte ...

Die Wiege schaukelte unter dem Gewicht der Katze und den groben, knetenden Bewegungen ihrer Pfoten. »Nein! – O nein –«, flüsterte Jessica, und das Fernglas rutschte ihr aus den Fingern. Ihre Arme und Beine waren gelähmt, als wäre dies ein Traum. Die riesige Katze mit den leuchtenden Augen und dem wie Pusteblumensamen wogenden Fell hatte die weiße Schwanzspitze steil erhoben und schenkte Jessica nicht die geringste Beachtung, während sie heftig an Babys Mund sog und die kleine Beute knetete und krallte, die um ihr Leben kämpfte, man sollte nicht meinen, dass ein nur drei Monate altes Kind solche Gegenwehr leisten konnte, mit den winzigen Armen und Beinen strampelte, bis das Gesicht rot anlief, aber die distelwollegraue Katze war stärker, viel stärker, und ließ sich nicht von ihrem Ziel abbringen – *Babys Atem einzusaugen, es zu erdrosseln, mit der Schnauze zu ersticken.*

Jessica konnte sich eine ganze Weile nicht bewegen – das sagte, gestand sie später. Und als sie zu der Wiege lief und in die Hände klatschte, um die Katze wegzujagen, wehrte Baby sich nicht mehr, sein Gesicht war immer noch gerötet, aber die Farbe wich zusehends daraus, wie eine Wachspuppe, und die runden, blauen Augen, in denen Tränen funkelten, starrten blicklos an Jessicas Kopf vorbei.

»Mommy!«, schrie Jessica.

Jessica packte ihre Babyschwester an den Schultern, um sie ins Leben zurückzuschütteln, das erste Mal, dass sie die Babyschwester, die sie so sehr liebte, wirklich berührte, aber es war kein Leben mehr in dem Baby – es war zu spät. Sie weinte und schrie. »Mommy! Mommy! Mommy!«

Und so fand Mommy Jessica – über die Wiege gebeugt, wo sie das tote Kind wie eine Flickenpuppe schüttelte. Das Fernglas ihres Vaters lag mit zwei zerschellten Gläsern zu ihren Füßen.

Sarah Kirsch
Katzenleben

Aber die Dichter lieben die Katzen
Die nicht kontrollierbaren sanften
Freien die den Novemberregen
Auf seidenen Sesseln oder in Lumpen
Verschlafen verträumen stumm
Antwort geben sich schütteln und
Weiterleben hinter dem Jägerzaun
Wenn die besessenen Nachbarn
Immer noch Autonummern notieren
Der Überwachte in seinen vier Wänden
Längst die Grenzen hinter sich ließ.

Virginia Woolf
Und so kam es, daß ich Romanautorin wurde

Um Ihnen aber meine Geschichte zu erzählen – sie ist sehr einfach. Sie brauchen sich nur ein kleines Mädchen mit einer Feder in der Hand in einem Schlafzimmer vorzustellen. Sie brauchte nur die Feder von links nach rechts zu führen – von zehn Uhr bis eins. Dann kam ihr die Idee, etwas schließlich ganz Einfaches und Billiges zu tun – ein paar dieser Blätter in einen Umschlag zu stecken, oben am Rand eine Briefmarke aufzukleben und den Umschlag in den roten Kasten an der Ecke zu werfen. So kam es, daß ich Journalistin wurde; und am ersten Tag des folgenden Monats – ein sehr glorreicher Tag war das für mich – wurde meine Mühe durch den Brief eines Herausgebers belohnt, mit einem Scheck über ein Pfund, zehn Shilling und Sixpence. Doch um Ihnen zu zeigen, wie wenig mir zukommt, als berufstätige Frau zu gelten, wie wenig ich von den Kämpfen und Schwierigkeiten eines solchen Lebens weiß, muß ich gestehen, daß ich – statt die Summe für Brot und Butter, Miete, Schuhe und Strümpfe oder die Metzgerrechnung zu verwenden – mich aufmachte und eine Katze erstand – eine wunderschöne Katze, eine Perserkatze, was mich sehr bald in erbitterte Dispute mit meinen Nachbarn verwickelte. [...]

Um aber die Geschichte meiner beruflichen Erfahrungen fortzusetzen: mit meiner ersten Rezension verdiente ich ein Pfund, zehn Shilling und Sixpence; und ich kaufte von dem Geld eine Perserkatze. Dann wurde ich ehrgeizig. Eine Perserkatze ist zwar recht schön, sagte ich mir, aber eine Perserkatze ist nicht genug. [...]

Und so kam es, daß ich Romanautorin wurde.

Sylvia Beach
Joyce hatte Katzen gern um sich

Joyce' Angst vor einer ganzen Reihe von Dingen war durchaus real, ich glaube jedoch, daß sie zum Teil ein Gegengewicht zu der Furchtlosigkeit bildete, die er in seiner Kunst bewies. Er schien Angst zu haben, daß der allmächtige Gott es ihm »geben würde«. Es muß den Jesuiten gelungen sein, ihn wahrhaft gottesfürchtig zu machen. Ich habe Joyce bei einem Gewitter im Vorraum seiner Wohnung kauern sehen, bis alles vorbei war. Er fürchtete sich vor Höhen, vor dem Meer, vor Infektionen. Seine abergläubischen Vorstellungen wurden von seiner Familie geteilt. Zwei Nonnen auf der Straße zu sehen bedeutete Unglück (ein Taxi, in dem er saß, stieß bei einer dieser Gelegenheiten mit einem anderen Fahrzeug zusammen); Zahlen und Daten brachten Glück oder Unglück. Ein Schirm, der im Haus aufgespannt wurde, ein Herrenhut auf dem Bett hatten eine böse Vorbedeutung, schwarze Katzen hingegen eine gute. Als ich eines Tages in Joyce' Hotel kam, sah ich, wie Nora eine schwarze Katze dazu zu bringen versuchte, das Zimmer zu betreten, in dem ihr Mann auf dem Bett lag. Durch die offene Türe beobachtete er ängstlich gespannt ihre Bemühungen. Katzen brachten nicht nur Glück, Joyce hatte sie gern um sich, und als einmal ein Kätzchen seiner Tochter aus dem Küchenfenster fiel, war er darüber ebenso außer sich wie das junge Mädchen. […]

Wann immer Joyce in die Buchhandlung kam, mußte ich Teddy natürlich schleunigst entfernen. Armer Joyce!

Es freute ihn gar nicht, als Adrienne und ich uns ein Auto anschafften – er fand, die Benützung eines Wagens sollte nur Beamten gestattet sein –, und nun gab es noch diesen »bösen Hund« bei Shakespeare and Company.

Joyce wußte mit Teddy nichts anzufangen, aber mit der kohlrabenschwarzen Katze von Shakespeare and Company mit Namen Lucky war er durchaus einverstanden. Da Joyce nie Handschuhe trug, konnte Luckys Appetit auf Handschuhfinger ihm auch nicht so unangenehm sein wie den Leuten, die ein tadelloses Paar auf einen der Tische gelegt hatten und es mit abgenagten Fingern wiederfanden. Man konnte Lucky nicht beibringen, was das für eine Missetat war. Ich konnte lediglich mit einem Schild vor der Gefahr für Handschuhe – und auch für Hüte – warnen. Ich war tief beschämt, als Lucky den Kopf eines sehr schönen neuen Hutes von Hemingway bearbeitete. Auch kamen einmal Freunde zu Adrienne zum Tee, und Lucky fraß die Finger sämtlicher im Schlafzimmer abgelegten Handschuhe auf. Mrs. Joyce war ganz hysterisch vor Kummer über irgendwelche fremden Handschuhe. Erst beim Nachhausegehen entdeckte sie, daß auch sie unter den Opfern war.

Ingrid Zwerenz
Die nagende Kritik der Katzen

Isabella schafft sich Ersatzgefahren und -tätigkeiten. Kletterte sie früher in Waldtrudering auf dem Dachfirst herum, versucht sie jetzt, einen ähnlichen Effekt zu erreichen auf der Balkonbrüstung in Nieder-Roden; riß sie in München bedauernswerte Mäuse in Stücke, praktiziert sie das in Nieder-Roden mit unseren Manuskripten.

In einem Schriftsteller-Haushalt kann das verheerende Folgen haben. Zwerenz muß mitunter seine ganze Neigung zu den Tatzen-Tieren zusammennehmen, um nicht seinerseits Isabella zu zerreißen, wenn sie wieder einen wichtigen Notiz-Zettel zerfetzt hat.

Neuerdings kapriziert sie sich auf die Blätter neben dem Telefon, wo man notiert, was per Draht an wichtigen Informationen zu einem kommt. Einige Zeilen dieser Merksätze (Termine, Telefonnummern) hat sie rettungslos atomisiert. Aggressionen stauen sich an auf beiden Seiten – für Isabella ist es sicher eine Leistung, ihre Triebe so weit zu sublimieren, daß sie statt der gewohnten blutvollen Mäuse heute einfaches blutleeres Papier zerstückelt. Es geht eben nicht in ihren Katzen-Kopf, wieviel Lebendiges für diese komischen Zwerenz-Menschen auf einem schlichten dünnen Blatt enthalten sein kann.

Nun zerreißen wir sowieso schon genug Papier. Nicht nur Hans Magnus Enzensberger dichtet ostentativ, wie auf seinen ausdrücklichen Wunsch im Fernsehen gezeigt, für den Abfallkorb; auch bei uns wandern eine Menge Entwürfe in den Müll.

Nur möchten wir selbst entscheiden, was von schriftlichen Produktionen zerfetzt und was aufbewahrt wird; es völlig der »nagenden Kritik der Katzen« zu überlassen, scheint uns ein wenig weit zu gehen.

»Nagende Kritik der Katzen« ist die Variation eines bekannten Marx-Zitats, das im Vorwort zur »Kritik der politischen Ökonomie« steht; dort ist die Rede von der »nagenden Kritik der Mäuse«.

Marx und Engels trafen sich im Sommer 1844 in Paris, als jeder zu der Erkenntnis gekommen war, daß »die Politik und ihre Geschichte aus den ökonomischen Verhältnissen und ihrer Entwicklung zu erklären ist, nicht umgekehrt«. Auf dieser Grundlage nahmen sie »Die deutsche Ideologie« in Angriff und klärten ihren Standpunkt. Widrige Umstände verhinderten Vollendung und Drucklegung des Buches, doch »überließen wir«, sagt Marx später, »das Manuskript der nagenden Kritik der Mäuse um so williger, als wir unsern Hauptzweck erreicht hatten – Selbstverständigung«.

Mary und Charlie Dickens
Die Katze macht das Licht aus

Wegen unserer Vögel waren Katzen im Haus verboten, doch ein Freund aus London schenkte mir ein weißes Kätzchen – Williamina –, und sie und ihre zahlreichen Nachkommen fanden in Gad's Hill ein glückliches Heim. Sie wurde zum Liebling der ganzen Familie und zeigte eine besondere Zuneigung zu meinem Vater. Ich erinnere mich, dass sie uns mit einem Wurf Kätzchen beglückte und eine Ecke im Arbeitszimmer meines Vaters als Nest erwählte. Sie brachte eines nach dem anderen aus der Küche an den von ihr gewählten Platz. Mein Vater rief mich, sie fortzubringen, und sagte, er könne nicht erlauben, dass die Kätzchen in seinem Zimmer blieben. Ich gehorchte, doch Williamina brachte eins nach dem anderen zurück. Wieder wurden sie fortgetragen. Beim dritten Mal setzte sie sie nicht in die Ecke, sondern legte sie allesamt zu Füßen meines Vaters, gesellte sich dazu und sah ihn mit derart flehenden Augen an, dass er nicht länger widerstehen konnte und ihnen zu bleiben erlaubte. Als die Kätzchen älter wurden, waren sie immer lebhafter, kletterten die Vorhänge hoch, tobten um den Schreibtisch und tollten hinter den Bücherregalen herum. Doch er beschwerte sich nie, und sie lebten glücklich im Arbeitszimmer, bis die Zeit kam, eine andere Bleibe für sie zu finden. Eines der Kätzchen behielten wir. Da es fast taub war, blieb es namenlos und wurde wegen seiner Zuneigung zu meinem Vater von den Dienern »die Katze des Masters« genannt. Sie war immer bei ihm, pflegte ihm im Garten wie ein Hund nachzugehen und saß bei ihm, wenn er schrieb. Eines Abends gingen alle außer Vater auf einen Ball, und als wir aufbrachen, ließen wir den »Master« und seine Katze im Salon zurück. Der »Master« las an einem kleinen Tisch, auf dem eine brennende Kerze stand. Plötzlich ging die Kerze aus. Mein Vater, den sein Buch sehr interessierte, zündete die Kerze wieder an, streichelte die Katze, die ihn, wie er bemerkte, auffällig schwärmerisch ansah, und setzte seine Lektüre fort. Ein paar Minuten später, als das Licht schwächer wurde, blickte er gerade rechtzeitig auf, um zu sehen, wie das Pelztier absichtlich die Kerze mit der Pfote löschte, wonach es ihn flehentlich ansah. Dieser zweite und unmissverständliche Hinweis wurde nicht ignoriert, und der Stubentiger erhielt die Streicheleinheit, nach der er verlangte. Als wir uns alle am nächsten Morgen beim Frühstück trafen, war Vater ganz besessen von dieser Geschichte.

Edith Sitwell
Er nahm seine Mahlzeit mit den anderen
Familienmitgliedern ein

Zu meinem großen Vergnügen jener Zeit gehörte es, abends auswärts zu essen, und ganz besonders genoß ich Besuche im Haus von Sir Edmund und Lady Gosse, auch wenn das Vergnügen nicht ohne Furcht war, denn es ließ sich nie genau voraussagen, was Sir Edmund seinen Besuchern in der Konversation antun würde. Seine Geschicklichkeit in dieser untergegangenen Kunst war grenzenlos. Sie reichte auf der Skala der Begabungen von der eines in der Harmonielehre bewanderten vorzüglichen Musikers bis zu der eines geschliffenen und weltmännischen Kriegers. Nie wurden Hinterhalte mit solcher Sicherheit und Verschlagenheit gelegt, nie die Absichten eines fliehenden Opfers siegreicher vorhergesehen und im Keim erstickt.

Sir Edmund und Lady Gosse wohnten mit ihren beiden entzückenden goldhaarigen Töchtern (eine von ihnen ist die Malerin Miss Sylvia Gosse) in einer der Häuserreihen von Regent's Park. Den Tapeten, wie dem ganzen Haus, haftete eine Gründerzeit-Braunheit an. Der Salon war erfüllt vom munteren Klang von Teelöffeln, der sogar dann noch darin nachzuhallen schien, wenn die Teestunde vorüber oder noch nicht gekommen war; und das Haus war vollgestopft mit Schätzen aller Art; doch war keiner davon bedeutender als Sir Edmunds Konversation, noch irgendeine Schatzsuche auf der Welt von größeren Gefahren umwittert.

Beherrscht wurde das Haus zum Teil von dem Dienstmädchen Parker, die ein weithin bekanntes Original war, noch mehr aber von Buchanan, einem großen schwarzweißen Kater. Buchanan, von unbekannter Herkunft, hatte eines Tages das Haus betreten und ganz offenbar die Leitung übernommen. Zu den Mahlzeiten kam er erst herunter, nachdem die ganze Familie im Eßzimmer versammelt war, und wenn es soweit war, bestand er darauf, daß Sir Edmund hinaufging und zum Abendessen läutete. Dann schritt Buchanan würdevoll die Treppe hinab und nahm seine Mahlzeit mit den anderen Familienmitgliedern ein. Zur Teestunde weigerte er sich entschieden und ohne Anzeichen von Nachgiebigkeit, seine Sahne zu schlecken, wenn ihm nicht Lady Gosse kniend die Untertasse hielt. War Buchanan, was gelegentlich vorkam, aus dem einen oder anderen Grunde ungehalten, verließ er den Raum, woraufhin sich achtungsvolle Stille ausbreitete. Ich erinnere mich, wie er einmal, als ich dort zu Abend aß, nach der Mahlzeit auf seine nachdrückliche Weise den Raum verließ und Sir Edmund und Lady Gosse in furchtsamem Flüsterton alle denkbaren Ursachen durchgingen, die ihm Anlaß zur Gekränktheit hatten geben können. Buchanan besaß sein eigenes spezielles Briefpapier mit Umschlägen, nicht zu groß, und wenn Sir Edmund auf Reisen ging, diktierte Buchanan täglich Briefe für ihn (Lady Gosse teilte mir flüsternd mit, sie müsse zu ihrem Bedauern sagen, daß Buchanan ein arges Klatschmaul sei), und Sir Edmund beantwortete sie.

Brigitte Kronauer
Über das Wesen der Katze

Ob sie sich dehnt, reckt, rollt, krümmt, alles genießt die Katze neben mir, formt sich aus dem eigenen Körper ein Bett, zurückgezogen in den Schlaf, aus dem sie fast bis zum Erwachen sich erhebt und wieder absinkt, ein Aus- und Einatmen aus den Tiefen des Schlafbereichs zur nicht durchstoßenen obersten Grenze in die Wachheit und stufenweise abnehmend wieder in die Lust der Bewußtlosigkeit. So profitiert sie von der Abkehr aus der Welt auf allen Ebenen, weigert sich, Störungen zu bemerken, und nur selten erklärt sie sich durch einen flüchtigen Biß, einen Pfotenschlag bereit, als äußerstes Zugeständnis, einen lästigen Außenreiz zu registrieren, um neu und beschleunigt, dabei ausgestattet mit einem frischen Behagen der Vorfreude, dem stillen Grund eines Nichts zuzutreiben. [...]

Plötzlich sieht die Katze aus einer Ecke meinen Rücken an, so daß ich mich, auf stummen Zuruf gewissermaßen, umdrehen muß, starrt mich an, als hätte ich mich, auf einen Schlag, zu etwas Ungeheuerlichem entwickelt. Notgedrungen stelle ich also ein Ungetüm dar ohne mein Zutun, dem eine allerhöchste Aufmerksamkeit gilt, ein Schnattern, eine Erregung, unterbrochen von einem Gähnen, dann wieder mit gleicher Inbrunst aufgenommen. Sie läßt sich auf kein Wiedererkennen ein. Aus einem Bedürfnis nach Unterhaltung werde ich als Fremdes behandelt, dessen kleinste Regung ein hysterisches Aufzucken verursacht. Genauso unvermittelt entzieht sie mir ihre

Beachtung, und eine Wollfluse, ein imaginärer Punkt tritt an meinen Platz. Wie sie sich darauf versteht, den Raum nach Belieben zu glätten und aufzuwirbeln, zu polstern als dämmrige Höhle oder leerzufegen in die Abstraktion einer einzigen, alle Energie aufbrennenden Beziehung!
[...]
Absichtlich legt die Katze kindlich den Kopf schief, es soll mich rühren wie die hilflose Rückenlage oder herausfordern. Nach Bedarf sondert sie todsicher wirkende Töne und Haltungen ab, infantil und erhaben, ohne Übergang. Sie stimmt mich um, wie sie es gerade benötigt, sie rollt, duckt, bläht sich auf, macht sich gewaltig und klein, und man meint, daß sie dabei innerlich lächelt, während sie über die hervorgerufenen Gefühle hinwegsteigt durch Gestaltwechsel und wie über Gliedmaßen. Für ihr Wohlergehen sind alle Mittel recht. Personen und Dinge unterscheidet sie nicht, nur sind die Personen biegsamer, beugsamer. Auf der von der Heizung erwärmten Marmorplatte reckt sie sich und wünscht eine flüchtige Berührung, mehr auf keinen Fall, rollt sich zusammen, geliebt, nicht liebend, unverständlich, reizend, rund. [...]
Ein Mißbehagen bildet sich aus, in kleinen, gurrenden Tönen beginnend, wahrscheinlich eben erst im Bewußtsein der Katze angelangt und schon bekanntgegeben, ansteigend, ausgeschüttet jetzt in klagendem Geschrei, vollkommen nach außen gestülpt und so losgeworden. Im Laufe einer Woche geht sie alle Stimmungen durch, die sicher Ursachen haben, wenn auch meist keine offensichtlichen. Im Winter wälzt sie sich vormittags in den Sonnenflecken auf dem Sofa, hemmungslos, und harrt, steif vor Ekstase, am Nachmittag in der Hitze unter einer be-

schienenen Plastikfolie aus. Von einem Höhepunkt lebt sie dem anderen zu, leugnet die Zwischenräume durch lange Schlafperioden im Trüben und zieht beim Erwachen alle aufgesparte Energie des Tages zusammen in einer Verkörperung. [...]

Die Gewohnheiten ihrer Umgebung, den rhythmischen Wechsel der Umstände begreift die Katze als feste Einkerbungen im Tageslauf und verlangt sie als Zeremonie. Wenn sie durch eine weitgeöffnete oder einen Spalt offenstehende Tür einen Raum betritt, absolviert sie selbst eine bekannte Abfolge von Haltungen, ernsthaft, aber wie bei etwas eben erst Erfundenem und so, als müsse die darin enthaltene Atmosphäre erst gefügig für ein Eindringen gemacht werden. Dazu gehört die Wahl des unterhaltsamsten, also kompliziertesten Umwegs zu einem Ziel, das Übersehen und dann Beschleichen eines neuen Objekts in immer engeren Kreisen, das dessen wirkliche Ausdehnungen erst sichtbar macht, und später das Hindenken auf die hohe Fensterbank, so daß der Sprung am Ende wie von selbst erfolgt, als trüge sie eine Kraft von außen spielerisch dorthin. Sie ist die Beherrscherin aller Distanzen, beim vorbeiflatternden Vogel duckt und reckt sie sich nicht anders als bei der höher fliegenden Beute, die ein Flugzeug ist. [...]

Trampelnd stürmt nun aber die Katze die Bodentreppe hoch, drückt absichtlich die Körpermasse auf und schnellt von den Holzstufen ab. Eine Bewegung dann im Gebälk des Dachstuhls, ein Hin- und Herfliegen über große Abstände zwischen den Verstrebungen, ein Verstummen mit einem Mal, eine Lautlosigkeit, ein angehaltener Atem überall, ein polterndes Hervorbrechen und ein Ansehen aus finsteren, staubigen Nischen, eine hin und her zuckende Anwesenheit. Still steht die Katze im freien Raum. Für einen Herzschlag, einen erkennbaren Moment stoppen die Sprünge in der Luft. Sie prahlt und regiert in diesem nur ihr in solcher Weise zugänglichen Bereich. Sie schaut aus der Höhe auf mich herab und fixiert mich aus dem Dunkeln. So argumentiert, fragt und antwortet sie. Sie verrenkt sich für unser Gespräch. Jeder neue Blickwinkel, jede Verbiegung des Kopfes ist ein Einwurf, ein verblüffender Schachzug, die Pointe in einer Diskussion. […]

In den ersten Monaten gab es bei der Katze eine Erforschungssucht, einen Ergründungswillen in den weit geöffneten Augen. Mit hohen Tönen antwortete sie auf gesprochene Sätze in einem hartnäckigen Wunsch nach Verständigung, bis sie sich irgendwann abwandte und zurückzog hinter die Grenzen des Tierseins. Damals sah ich auch ihr Bemühen, den eigenen, im Sprung entschwindenden Schatten zu erbeuten. Unermüdlich betrachtete sie ihr Spiegelbild, näherte sich an, bis sie gegen das harte Glas stieß, umschlich es, bis es ein für allemal aus der Welt ausschied, übersehen für immer. […]

Die Katzen stehen alle untereinander in Verbindung, egal, wo man sie trifft, um das einzigartige Katzenwesen gemeinsam darzustellen, ohne Abriß, über die Länder verteilt, ein großes Netz. Jeder Knoten darin ist eine Katze. Ihr Machtbereich gilt immer bis zur nächsten, die Fäden sind ihre geheimnisvolle Verständigung.

Anne Frank
Katzen und Politik

Freitag, 12. März 1943

[...] Liebe Kitty!
Moffi kennst du noch nicht, aber sie ist schon in der Firma gewesen, bevor wir uns hier versteckten. Sie ist die Lager- und Bürokatze und hält die Ratten vom Lager fern. Auch ihr politischer Name* ist leicht zu erklären. Eine Zeit lang hatte die Firma zwei Katzen, eine für das Lager und eine für den Dachboden. Manchmal trafen sich die beiden, was immer zu heftigen Kämpfen führte. Die Lagerkatze war immer diejenige, die angriff, während das Dachbodentier am Ende doch den Sieg errang. Genau wie in der Politik. Also wurde die Lagerkatze die Deutsche oder Moffi genannt, und die Dachbodenkatze der Engländer oder Tommy. Tommy ist später abgeschafft worden, und Moffi dient uns allen zur Unterhaltung, wenn wir hinuntergehen.

* Mof. pl. Moffen: Name für Deutsche; A. d. Ü.

Rosa Luxemburg
Briefe aus dem Gefängnis

Barnimstraße Frauengefängnis
Februar 1915.

Liebes Fräulein Jacob, ich erweise Ihnen die höchste Ehre, die ich einem Sterblichen antun kann: ich werde Ihnen meine Mimi* anvertrauen! Sie müssen aber noch auf bestimmte Nachricht warten, die Sie von meinem Rechtsanwalt bekommen. Dann werden Sie sie in Ihren Armen (nicht etwa im Körbchen oder Sack!!!) im Auto entführen müssen. Mit Hilfe meiner Wirtschafterin, die Sie mitnehmen am besten (ich meine nur für die Fahrt, nicht fürs Leben) und die alle sieben Sachen der Mimi (ihr Kistchen, Torfmull, Schüsselchen, Unterlagen und – bitte, bitte! – einen roten Plüschsessel, an den sie gewöhnt ist) mit verpacken wird. Das alles kann doch im Auto verstaut werden. Doch wie gesagt, warten wir damit noch einige Tage. [...]

Freitag 9. April 1915

Mein liebes Fräulein Jacob!
Mimi's Bild hat mich schrecklich gefreut, ich muß immer lachen, wenn ich es anschaue: diese Szenen ihrer Wildheit, wenn jemand einen »Annäherungsversuch« unter-

---

* Rosas Katze. Sie hatte sie im Klassenzimmer der Parteischule, wo sie Vorlesungen hielt, gefunden, durch einen umgefallenen Besen verletzt, mitgenommen und gesund gepflegt (lt. M. J.s Bericht).

nimmt, habe ich so oft erlebt, daß ich sie fast knurren gehört habe beim Anblick des Bildchens. Es ist vorzüglich gelungen und auch für den jungen Arzt, der soviel Interesse meiner Mimi erweist, habe ich im vornherein die lebhafteste Sympathie. [...]

Sonntag 10. Oktober 1915

Mein liebes Fräulein Jacob!
Die Idee mit der Mimi zeigt mir*, daß auch gute Geister, ja namentlich diese, die Schwäche und Gebrechlichkeit der irdischen Dinge nicht zu erfassen vermögen. Die Mimi im Korb getragen, für einen Tag mitgenommen und dann wieder abgeliefert! Wie wenn es sich um eine gewöhnliche Kreatur aus der Gattung felis domestica handelte! Nun wissen Sie, guter Geist, daß Mimi eine kleine Mimose, ein hypernervöses Prinzeßchen im Katzenfell ist, daß schon als ich, ihre eigene Mutter, sie einmal mit Gewalt aus dem Haus heraustragen wollte, Krämpfe gekriegt hat vor Aufregung und mir in den Armen steif geworden ist, mit brechenden Äuglein wieder in die Wohnung getragen werden mußte und nach Stunden zu sich kam. Ja, ja! Sie haben keine Ahnung, was mein Mutterherz schon durchgemacht hat. Also lassen wir Mimichen in der Wohnung. [...]

---

* Mathilde hatte vorgeschlagen, die Katze im Korb mitzubringen.

Wronke, 23. Mai 1917

Dies ist übrigens der Grund, weshalb ich den heroischen Entschluß gefaßt habe, meine Mimi doch nicht herkommen zu lassen. Das Tierchen ist gewöhnt an Munterkeit und Leben, sie hat es gern, wenn ich singe, lache und mit ihr durch alle Zimmer Haschen spiele, sie würde mir ja hier trübsinnig werden. Ich lasse sie also bei Mathilde.
Ihre Rosa

11. August 1917

Meine liebste Mathilde!
Ich kann Ihnen garnicht sagen, wie mich Ihr gestern erhaltener Brief erschüttert hat. Also meine Mimi ist seit Monaten schwer krank, und ich erfahre das erst jetzt, zufällig, weil ich Sie sozusagen mit meinen Fragen an die Wand drückte! Und Sie brachten es fertig, mir etwas zu verheimlichen, was mir so sehr nahe geht! Ich frage, wo ist einfach der *Respekt* vor mir, um mich nicht wie ein unmündiges Kind, ein »Objekt« zu behandeln. […]

Sie waren noch die Einzige, deren Worten ich glaubte trauen zu können, jetzt traue ich Ihnen auch nicht mehr, und bin nun völlig einsam. Meinetwegen. Und nun schreiben Sie mir einfach, Mimi sei krank. Das soll mir genügen! Kein Wort darüber, wie und was! Und diese Redensarten vom »Alter« Mimis! Vor einem Jahr, als ich verhaftet wurde, war sie noch jung und schön und gesund. Ja, noch zu Pfingsten wollten Sie sie mir doch nach Wronke bringen, da war auch alles gut. Und plötzlich muß ich von ihrem »Alter« hören! Nun bitte aber *umgehend um genaueste* Angaben: 1) seit wann Mimi krank ist, 2) worin äußert sich das, 3) ob und seit wann Verschlimmerung zu merken ist, 4) ob sie ißt und was, 5) welcher Tierarzt sie gesehen hat. – [...] Über meine Gesundheit werde ich Ihnen soviel schreiben, wie Sie mir über Mimis schrieben.

Ich umarme Sie und grüße herzlichst Ihre Frau Mutter
Ihre R.

18. August 1917

Liebste Mathilde,
soeben erhalte ich Ihren Brief vom 15. Sie wollen mich wohl extra auf die Folter spannen! Immerzu reden Sie, daß Mimi krank ist und kein Wort, *was* ihr fehlt?!! Zum Teufel, ich muß doch wissen, *was für [eine] Krankheit* sie hat. Oder lebt sie garnicht mehr? Ist vielleicht schon längst tot und Sie führen mich nur so an? Wenn das wäre, ich würde Ihnen nicht verzeihen. Ich will *die Wahrheit* wissen, *sofort, volle Wahrheit!*

Kuß und Gruß
Ihre R.

Was ist am 1. Mai mit Mimi passiert?!

24. August 1917

Meine liebste Mathilde!
Über Mimi will ich nun nichts mehr schreiben, lassen wir das traurige Kapitel ruhen. Aber Sie können wieder einmal sehen, daß es barmherziger ist, offen und ehrlich gleich die ganze Wahrheit zu sagen, als vor falscher Rücksichtnahme jemanden monatelang im Irrtum zu lassen.

Wie viel leichter wäre es mir doch, wenn ich die traurige Nachricht von Ihnen mündlich noch in Wronke vernommen hätte, wo ich Sie so oft um mich hatte und nach allen Einzelheiten, die mir teuer sind, ausfragen konnte! Und so sitze ich hier mit dieser nackten Tatsache, weiß nichts Näheres und komme mir so roh und herzlos vor, daß ich vier Monate in völliger Unkenntnis von ihrem traurigen Ende leben konnte ... Nun also lassen wir das; ich werde Sie doch nicht anders machen und die meisten Menschen handeln in solchen Fällen genau so wie Sie. Also Schluß damit. [...]

Christa Wolf
Neue Lebensansichten eines Katers

Je mehr Kultur, desto weniger Freiheit, das ist ein wahres Wort.
E. T. A. Hoffmann, »Lebensansichten des Katers Murr«

»Die Kater sahen nach Morgen aus!« Diesen Romansatz lesen, ihn fühlen und wissen, daß ich ein Dichter bin: Im rechten Augenblick gibt mir der lange verstorbene, übrigens aus dem Russischen übersetzte Autor den gegen Ende meiner Jünglingszeit jäh geschwundenen Mut zur literarischen Produktion zurück. Selten hat mich so wie in diesem Augenblick der Schmerz gepackt über das Unvermögen meines Herrn, des Professors der Angewandten Psychologie Rudolf Walter Barzel (45), die Sprache der Tiere, insbesondere die der Kater, zu verstehen. Wüßte er, daß ich fähig bin, drei komplizierte geistig-seelische Prozesse auf einmal zu empfinden! Ahnte er die Bestimmung jenes angenehm quadratischen, in grobes Leinen gebundenen Büchleins, das Isa (16), die Tochter des Hauses, fast bis zur Hälfte mit ihren überaus kindischen Ergießungen bekritzelt hat, und das ich an mich zu bringen wußte, um seinen weißen Blättern einige Resultate der fieberhaften Tätigkeit meines ergreifend entwicklungsfähigen Katerhirns anzuvertrauen!

Froh erschrocken über die Höhe, auf die sich die Katzenheit in mir, ihrem derzeit würdigsten Vertreter, geschwungen hat, verließ ich das Buch und des Professors Schreibtisch, auf dem ich gelegen, nahm meinen gewohnten Weg durch das Fenster und streunte in der milden

Herbstsonne, auf der Suche nach einer Seele, die mein außerordentliches Wesen zu würdigen wüßte, bis an die äußersten Grenzen meines Reviers in den Gärten herum. »Seele« sage ich, obwohl ich weiß – nicht zuletzt durch das sorgfältige Studium der Werke meines großen Vorfahren, des Katers Murr –, daß dieser hypothetische Gegenstand, wissenschaftlich niemals verifiziert, dem frühen neunzehnten Jahrhundert unentbehrlich, von neueren Autoren durch Tricks wie »Mutmaßungen«, »Nachdenken« und die Äußerung von »Ansichten« in die Enge getrieben wird – Tricks, die, wenn vielleicht nicht zu größerer Klarheit des Stils, so doch gewiß zu einem tiefsinnigeren Gesichtsausdruck dieser Autoren geführt haben müssen; ein Ausdruck übrigens, den auch ich beherrsche, der, wie jedes Benehmen, das man lange genug übt, zu meiner zweiten Natur geworden ist und die schönsten Wirkungen auf mein Inneres nicht verfehlt. Diese Beobachtung, wiewohl sie von mir sein könnte, findet sich neben anderen treffenden Bemerkungen im Frühwerk Professor Barzels: »Verhaltensübungen und ihre Auswirkung auf die Charakterstruktur«. Sie beweist mir, daß auch das originellste Talent heutzutage, da alle großen Entdeckungen gemacht sind, zwischen steiler Abseitigkeit und plattem Epigonentum sich aufreiben müßte, hielte es sich nicht an die Lebensregel alles nach Sittlichkeit Strebenden: Halte die Mitte! Dies sei der erste Satz in meinem »Leitfaden für den Umgang heranwachsender Kater mit dem Menschen.«

So in meine Gedanken vertieft, stieß ich an der Grenze zwischen meinem Revier und dem Beckelmannschen Nachbargrundstück auf jene schwarze grünäugige Katze

(2), die, äußerlich zierlich und anmutig und auf unverkennbar orientalische Weise verführerisch, in ihrem Innern leider frech und anmaßend und gierig ist, kurzum: ein Weib, das sich ja prinzipiell, wie mein Professor eines Tages gesprächsweise zugab, den fortschrittlichen Testmethoden seiner Wissenschaft viel hartnäckiger entzieht als der Mann; allerdings halten wir diese Tatsache geheim, um nicht in den Verdacht versteckter Gegnerschaft zur Frauenemanzipation zu kommen, und um den Frauen, die ja samt und sonders unter ihrem Defekt leiden, keine Männer zu sein, ihre mißliche Lage nicht noch zu erschweren. Diese Rücksicht habe ich auch jener Schwarzen gegenüber sorgfältig geübt, so daß ich wirklich nicht weiß, was sie so aufgebracht haben kann an dem schlichten Satz, den ich, gerade als wir uns begegneten, gedankenverloren ausstieß: Der Kater ist geheimnisvoll.

Dabei ist diese Behauptung so ungemein wahr! Die gebildete Welt weiß es aus der älteren und neueren Literatur, und sie wird, wie ich zuversichtlich hoffe, weitere Beweise durch meine bescheidenen, aber gediegenen Beiträge zur Erhellung des zeitgenössischen Katerwesens erhalten.

Dagegen der Mensch! Wie durchsichtig ist er mir und sich selbst! Ein Hirnrindenwesen wie wir alle von den Vögeln an aufwärts, dem rücksichtslosen Walten biologischer Zufälle unterworfen wie jedes Tier, hat er in einem erleuchteten Augenblick für sich die Vernunft erfunden. Nun kann er sich alle Verzichte, die er seiner höheren Bestimmung wegen leisten muß, vollkommen plausibel machen und auf jede Situation zweckmäßig reagieren. So jedenfalls versucht Professor R. W. Barzel es seiner blonden

Frau Anita (39) zu erklären, abends, wenn sie im Bett liegt, Kriminalromane liest und Likörpralinen ißt. Zwar habe ich nie bemerkt, daß sie Gewinn aus diesen Vorträgen zieht, denn ihr Gesicht ist gleichmütig, wenn nicht sogar höhnisch. Ich aber, scheinbar schlafend auf dem weichen Bettvorleger meines Professors, in Wirklichkeit dankbar und aufnahmebereit für jedes seiner Worte, ich kann sagen: Nichts Menschliches ist mir fremd.

Daher würde ich, wäre ich als schreibgewandter Mensch und nicht als talentvoller Kater auf die Welt gekommen, mein Leben gewiß nicht einer derart überflüssigen Literaturgattung wie der Belletristik weihen, die ja ihre Existenz immer mit den noch unerforschten Tiefen der menschlichen Seele begründet. Hat sich was mit Tiefen! sagt mein Professor zu einem Mitarbeiter seiner Gruppe, Dr. Lutz Fettback (43), Ernährungswissenschaftler und Physiotherapeut. Dr. Fettback hat ein Lippenbärtchen, das hüpft, wenn er lacht, und er lacht, wenn er sagt: Das sehe sogar ein einfacher Praktiker wie er, der meinem Professor nicht das theoretische Wasser reichen könne, daß die Seele eine reaktionäre Einbildung sei, die viel unnützes Leid über die Menschheit gebracht und, unter anderem, solchen unproduktiven Wirtschaftszweigen wie der Belletristik ein lukratives Dasein ermöglicht habe. [...]

Über Geschmack ist mit Menschen nicht zu streiten (auch dieser Satz gehört in meinen Leitfaden für den heranwachsenden Kater). Immerhin: Frau Anita ist sehr, sehr blond. Diese Feststellung kann und darf natürlich keine Kritik sein. Sie überragt meinen Professor um Haupteslänge – ein Umstand, den ich vollständig vergesse, wenn ich sie abends so friedlich nebeneinander im Bett liegen sehe. Durchaus sei es denkbar, sagt Dr. Lutz Fettback gelegentlich, daß ein eher asketisch eingestellter Mann sich einer Frau von üppigen Formen zuneige; doch zwinge ihn sein Berufsethos, die Eßgewohnheiten von Frau Anita zu mißbilligen. […]

Erwähnte ich schon, daß Frau Anita mich »Kater« nennt? Es ist ja nichts Falsches an dieser Anrede. Doch welcher Mensch ließe sich gerne mit »Mensch« anreden? Wenn man nun einmal einen eigenen Namen hat, in meinem Falle also »Max«, so irritiert es einen, wenn einem diese allerpersönlichste, das Individuum erst von der Gattung unterscheidende Benennung vorenthalten wird. Da lasse ich mir eher noch jene gewiß nicht korrekte, aber wohlmeinende Anrede gefallen, für die Isa sich entschieden hat. »Maximilian« ruft sie mich, das sei ein Kaiser gewesen, ich fand ihn im Lexikon und war es schließlich zufrieden: Gewiß, ritterlich ist mein Wesen von den beiden Spitzen meines schönen Bartes bis zur letzten meiner scharfen Krallen, und so soll es bleiben, auch wenn jene schon erwähnte schwarze Katze von der Idee behext ist, daß meine Großmut Schwäche sei. Oh, wenn ich wollte, wie ich könnte! »Mein kleiner Tiger« nennt Frau Anita mich manchmal, was ich so ungern nicht höre, und die Musterung meines Gesichts, beige-schwarz von Nase und Maul strahlenförmig sich ausbreitend, beweist die Raubtierherkunft meines Geschlechts. Grau dagegen, wie die Menschen behaupten – grau bin ich nicht; ihre stumpfen Sinne können der feinen, abwechslungsreichen Zeichnung meines Fells nicht gerecht werden; schwarze Längsstreifen auf dem Rücken, die an den Flanken in grauschwarz-bräunliche Ornamente übergehen, eine aparte

Ringelung auf der Brust und die Dunkel-Hell-Schattierung der Beine, die sich am Schwanz wiederholt: Genauso hat mein verehrter Ahnherr, der Kater Murr, sich der Umwelt präsentiert, und meine innerste Überzeugung ist es, daß man so und nicht anders aussehen muß, wenn man zu Bedeutung kommen will.

Mein Leser, mein unbekannter Freund aus dem nächsten Jahrhundert, hat längst bemerkt, daß ich mich frei in Raum und Zeit bewege. Die Chronologie stört. So folge er mir denn zurück zu jenem Stückchen Zaun zwischen Gesträuch von Symphoricarpus albus, im Volksmund Schneebeere genannt, wo an besagtem Nachmittag jene schwarze Katze mir den wahren Ausspruch: Der Kater ist geheimnisvoll! so sehr verübelt hat. Binnen unglaublich kurzer Zeit zischte sie nämlich und fauchte eine gerüttelte Menge von Beleidigungen gegen mich, die ich alle zu überhören hatte. Längst habe ich es aufgegeben, jener verführerischen, aber in sexueller und anderer Hinsicht hemmungslosen Katze klarzumachen, daß ihre Aggressivität die schwach entwickelte Sublimierung ihrer Triebe verrät und daß ihre Herrschaftsgelüste höchstwahrscheinlich von jener fatalen Namensgebung herrühren, welche ihre Kindheit überschattete und die Komplexe ins Kraut schießen ließ, die sie nun an mir abzureagieren sucht.

Dies ist der Augenblick, es auszusprechen: Jene Katze heißt Napoleon. Man weiß, daß die mangelhaften physiologischen Kenntnisse der Menschen mit ihrem Wunsch zusammenhängen, hilfreich und gut zu sein und ihre Herkunft aus dem Tierreich zu vergessen. Erwägt man außerdem ihre verständliche Bevorzugung des männlichen Geschlechts, so glaubt man die Gründe für die Fehldiagnose zu kennen, die jener verhängnisvollen Namensgebung vorausgegangen sein muß. Immerhin: Wieso gerade Napoleon? Ein Hang zum Masochismus? Der kaum verdrängte Wunsch, in der Namensgebung eigene imperatorische Neigungen an dem unschuldigen Tier abzureagieren? [...]

Napoleon, um darauf zurückzukommen, interessiert sich leider nicht für eine tiefenpsychologische Erörterung der Ursachen jener Namensgebung. Ihr sei es ganz egal, wie sie heiße, behauptet sie. Nicht egal dagegen sei ihr mein Hang, mich unter dem Vorwand wissenschaftlicher Aufgaben den elementarsten Vaterpflichten zu entziehen. Dies ist eine überaus gereinigte und abgekürzte Wiedergabe ihrer langen Rede, in deren Verlauf ich zu dem bewährten Mittel griff, mich niederzulegen, jedes meiner Glieder zu entspannen und mir jene süßen Befehle zu geben, die, gut in die Reflexbahnen eingeschliffen, ihre Wirkungen nie verfehlen: Ich bin ganz ruhig, sagte ich mir. Meine Glieder sind schwer und warm (in der Tat: das waren sie!). Mein Puls schlägt ruhig. Die Stirn ist angenehm kühl. Solarplexus strömend warm. Ich bin glücklich. Das Leben ist schön.

Im April dieses Jahres noch hatte die Katze Napoleon die Macht, mich leiden zu lassen. Inzwischen habe ich gelernt, daß Leiden und Ängste immer aus Lüsten entspringen und daß der sicherste Weg, jene loszuwerden, die Befreiung von diesen ist. Voilà. Es ist erreicht. Zu spät, könnte man einwenden, denn mein ungezügelter Trieb hatte schon Folgen gezeitigt. Ich schäme mich nicht, hier vor aller Nachwelt zu bekennen, daß mein naives Vaterherz höher schlug, als eines Morgens die Katze Napoleon mit vier Jungen in die Barzelsche Küche einzog, possierliche Geschöpfe, von denen zwei mein genaues Ebenbild waren. Insgeheim stolz auf diesen schönen Beweis der Mendelschen Erbgesetze, fand ich doch keine Zeit zu genetischen Meditationen oder zum wirklichen Erfassen der Napoleonischen Taktik, mit unschuldigster Miene unter der Tarnung der Mutterschaft unangefochten das innerste Innere meines eigenen Bezirks zu betreten: So sehr konzentrierte ich mich darauf, den Schock zu mildern, den die Barzelsche Familie durch den Umstand erlitt, daß ein für männlich gehaltenes Tier Junge gebar. Mein Professor, der um einige bezeichnende Sekunden später als Frau Anita die Lage erfaßte, blickte mir ohne Vorwurf, aber fragend in die Augen. Ich, ausgerüstet mit dem Wissen des aufschlußreichen Buches »Liebe ohne Schleier«, das unter Isas Kopfkissen liegt, blickte mannhaft zurück. Mein Professor verzieh mir.

Die Tochter Isa, das muß ich sagen, schlug ein unpassendes Gelächter an. Man verwies es ihr. Frau Anita aber trieb ihren Irrationalismus so weit, der Katze Napoleon – die sie albernerweise mit gespitzten Lippen meine Frau nannte! – den Rest der Nierchen in meinem Napf anzubieten: Stillende Mütter hätten immer Hunger. [...]

Isa lächelt zuweilen, das ist wahr. Sie sitzt in einem Sessel, tut gar nichts und lächelt ohne jeden Anlaß ein bißchen töricht vor sich hin. Diese Beobachtung stützt meine These, daß Lächeln und Weinen infantile Überbleibsel aus der Entwicklungsgeschichte der Menschheit sind und von voll gereiften Exemplaren dieser Gattung etwa um das fünfundzwanzigste Lebensjahr herum abgestoßen werden, wie die Eidechse sich eines beschädigten Schwanzes entledigt. [...]

Wie soll man es sonst deuten, daß Isa, kaum hat ihr Vater angekündigt, er werde wieder bei seinem kleinen Computer schlafen, und kaum hat Frau Anita daraufhin das Haus mit einem Handköfferchen verlassen, um bei einer Freundin zu nächtigen – daß Isa also telefonisch sieben Typen männlichen und weiblichen Geschlechts zusammenruft, um eine jener »Party« genannten Zusammenkünfte abzuhalten, die immer sehr laut und sehr dunkel sind und vor denen ich mich in den Keller oder in den Garten zurückziehe? Fünf weiße Gestalten sah ich nach Mitternacht in das Schwimmbassin springen, und dies kann, so schwül diese Nacht gewesen sein mag, keine zivilisierte Art und Weise genannt werden, sich Abkühlung zu verschaffen. So jedenfalls hat Isas Vater, mein Professor R. W. Barzel, sein Befremden ausgedrückt, als er unvermutet doch noch zu Hause auftauchte, ein Bild männlicher Verzweiflung übrigens im trüben Schein der Gartenbeleuchtung, und ohne Schlips, was sonst seine Art nicht ist. Befriedigt sah ich die Schwimmbassinspringer, notdürftig bekleidet, einigermaßen beschämt davonschleichen. Isa aber zerschmetterte zuerst einige teure Rosenthaler Tassen vor der Haustür, schloß sich dann in ihr Zimmer ein und rief ihrem Vater, der an der Tür rüttelte, mit schriller Stimme zu: Fortschrittsspießer! [...]

Anmerkung des Herausgebers:
Das Manuskript bricht ab. Unser Kater Max, falls er wirklich sein Urheber sein sollte, was schier unglaublich

scheint, hat es nicht vollenden können. An der heimtückischen Katzenseuche ist er in der letzten Woche gestorben. Unsere Trauer um ihn, der außerordentlich war an Schönheit und Charakter, wird durch diesen Fund in seinem Nachlaß vertieft. Wie fast immer, wenn man einen Autor persönlich gekannt hat, befremdet einen die eigenartige, man könnte sagen, verzerrte Weltsicht in seinen Schriften. Auch unser Max hat sich die Freiheit genommen zu erfinden. Sogar ihn selbst glauben wir anders und besser zu kennen als den Ich-Erzähler dieser Zeilen.

Wer aber wollte aus kleinlichen Bedenken oder verletzter Eitelkeit dieses Denkmal, das ein begabtes Wesen sich selbst gesetzt hat, einer breiteren Öffentlichkeit vorenthalten?

Elisabeth Castonier
Die Katzen von der Mill Farm

Rum

Während wir die Farm bewirtschafteten, tauchten mehr und mehr Katzen von überall her vorsichtig spähend auf und versammelten sich erwartungsvoll, mit hochgestellten Schwänzen kläglich miauend, vor der Küchentür.

Der frühere Pächter hatte Jane bei der Übernahme gesagt, sie könnte nicht genug Katzen haben, weil es unendlich viele Ratten und Mäuse gäbe.

»Na, Sie werden ja selbst sehen«, hatte er hinzugefügt.

Er hatte recht. Wir sahen und hörten sie überall. Sie huschten aus dem Bach und trabten über den Weg. Sie liefen auf den dicken Eichenbalken in Speicher, Mühle und Kuhställen herum. Sogar der staatlich approbierte Rattenfänger, der selbst wie eine betagte Ratte aussah, vermochte nicht so viele zu töten wie die Katzenbrigade.

Ganz allmählich kristallisierten sich aus der zunächst amorphen Masse herrischer, scheuer, zärtlicher und miauender Wesen Persönlichkeiten heraus.

Da war zunächst einmal Old Ma, die Älteste: langhaarig, schwarzbraun-weiß, hierzuinsel »Tortoise« genannt, wegen ihres schildpattähnlichen Fells. Es gab mehrere Goldgelbe, Getigerte, die man »Ginger« nennt, und schwarzgraue Geschöpfe, deren Fell so fein gezeichnet war wie ein japanischer Holzschnitt. Es gab etwas Blaugraues, das nur zischte, und einen dicken, schwarzen Kater, den wir »Ink« nannten, weil er tintenschwarz war.

Wir zählten mehrmals sorgfältig, und der Zensus ergab immer wieder zehn Stück.

Kurz nach unserem Einzug entdeckte ich zufällig in einer durchlöcherten Pappschachtel, die auf den Hof gestellt worden war, den kleinen goldenen Kater Rum, der später mit der blauen Perserkätzin Herzogin Nana zum Haustyrannen heranwachsen sollte. Wie Moses selig lag der Winzige, Rumfarbene, mit den wilden Bernsteinaugen, neben einem toten Bruder und zischte leise mit weitoffenem rosa Mäulchen. Vielleicht war seine Mutter an einer vergifteten Ratte gestorben, vielleicht war sie beim Wildern erschossen worden. Auf alle Fälle war er verwaist, verängstigt, verhungert und wild wie ein Miniaturlöwe. Erst viel später, als er sich davon überzeugt hatte, daß die zweibeinigen Riesen ihm nichts antun würden, und als er umherzuwandern begann, bemerkten wir, daß einer seiner Hinterläufe leicht gelähmt war.

Er seinerseits machte die Entdeckung, daß die Küche ein Zuhause war, daß die dunkle warme Ecke hinter dem Heißwasserofen nur zum Schlafen, nicht aber zu anderen Zwecken benutzt werden durfte. Er lernte auch bald, an der Küchentür zu kratzen, wenn er hinaus wollte, und nur eine kurze Zeitlang verwechselte er die Fußmatte vor der Tür mit Erde.

Trotz seiner Lähmung wuchs er zu einem schönen, langfelligen Burschen heran, der sein Bein leicht schleppte, was ihn aber nicht hinderte, genauso gewandt wie die anderen Katzen zu sein. Er wurde unser bester Rattenfänger und verstand es, seine Beute so kunstgerecht zu zerlegen, daß er die lebenswichtigen Vitamine unverzüglich erreichte. Den Rest überließ er den anderen.

Er folgte mir überallhin, sobald er sich an mich gewöhnt hatte; er tauchte lautlos auf, wo immer ich war, saß wartend neben mir, wenn ich beschäftigt war, und liebte es, vorsichtig tastend etwas vom rohen Kuchenteig an sich zu hakeln, wenn ich schon einmal Zeit fand, Kuchen zu backen; denn er hockte gerne auf dem Küchentisch, um den Speisezettel zu kontrollieren. Freund Trier, der ihn porträtierte, behauptete sogar, daß Rum ein verzauberter Kater wäre, der durch geschlossene Fenster und Türen käme, weil er überall erschien, wo ich war.

Als Schlafraum wählte er das dunkle Backofenloch in der Küche, neben dem Erste-Hilfe-Kasten, auf den Jane besonders stolz war und in dem sie all das aufbewahrte, was zur Behandlung von Mensch und Tier benötigt wurde. Für beide Gattungen gab es außer Bandagen und Pflaster dasselbe: für menschliches Bauch- und Kopfweh Aspirin, für verletzte Tiere und rheumatische Schweine – Aspirin. Nur daß ein Schwein 25 Tabletten erhielt und ein Hund zwei. Es gab Jod für Tier- und Menschenwunden und eine Eisenpaste für blutarme Ferkel sowie Eisenpillen für menschliche Blutarmut und natürlich Brom.

Jane ging sehr freigiebig mit Brom um, weil sie aufgeregte Menschen und Tiere nicht leiden konnte. Einmal gab sie einem hysterischen italienischen Arbeiter, der mit verzweifeltem »Madonna mia« und einem verletzten Finger in die Küche kam, weil er glaubte, verbluten zu müssen, die Schweinedosis Brom, woraufhin der Mann sehr still, mit euphorischem Gesichtsausdruck, fortwanderte und erst Stunden später in tiefem Dornröschenschlaf hinter einer Hecke gefunden wurde.

Neben diesem Kasten also schlug Rum sein Lager auf

einem kleinen Federbett auf, als er sein erstes Lebensjahr erreicht hatte. Das Loch war seine Zuflucht, sein Beobachtungsposten, und nur die schneeweiße Kätzin Gin durfte es mit ihm teilen.

Sein Leben war streng geregelt. Er nahm stets mit mir ein ausgiebiges englisches Frühstück ein, wobei er gebratenen Speck bevorzugte. In späteren Jahren weigerte er sich, Milch zu trinken, und nahm nur noch Sahne zu sich. Nach dem Frühstück folgte eine kurze Siesta mit moderato Schnurren; später ein Rundgang, vielleicht mit einer zarten jungen Maus oder einem Vogel zum zweiten Frühstück. Gegen Mittag erschien er wieder in der Küche, um zu sehen, was heute gegessen würde. Nach Tisch begann die ganz große Siesta mit molto forte Schnurren, das allmählich in einem zarten Andante verklang und zuweilen von staccato Schnarchen sowie stundenlanger Lethargie gefolgt war. Nachmittags wurde Katzengras gefressen, weil das ein natürliches Magenreinigungsmittel mit sofortiger Wirkung ist. Dann begab er sich auf die Jagd. Aber erst in der Dämmerung begann seine ganz große Stunde, mit Lauern, Anschleichen – und was er auch erjagte, wurde uns zuerst zu Füßen gelegt. Dann folgte das post mortem, während die jüngere Generation in respektvoller Entfernung auf die Reste wartete.

Rum wußte stets, was in der Speisekammer aufbewahrt wurde. Seine Lieblingsspeisen waren Fasan und Rebhuhn. Aber er nahm auch gern etwas gebratenes Huhn zu sich, vorzugsweise das Schwanzende, seit der Reformation »Pope's nose«, Papstnase, genannt.

Wenn er eines seiner Lieblingsgerichte hinter der altersmorschen schwarzen Speisekammertür roch, hielt er zäh Wache. Und in späteren Jahren führte er eine bis zur Vollendung ausgefeilte Komödie auf, sobald er unsere Schritte hörte: er fiel um, blieb zitternd auf der Flanke liegen, ein gelähmter, alter, schwerkranker Kater, der unbedingt sofort Stärkung brauchte, um am Leben zu bleiben. Nur sein wohliges, erwartungsvolles Schnurren, das lauernde Funkeln seiner goldenen Augen verriet, daß seine letzte Stunde noch nicht gekommen war. Öffnete man die Speisekammertür, sprang der Schwerkranke sofort auf das Brett und jaulte neben dem Gewünschten: »Nein, keine Milch, nein, keinen Fischkopf – Fasan, Rebhuhn!« Man konnte seine Bitte deutlich hören, und niemand vermochte sie abzuschlagen.

Seine Ohnmachten, diese jähen Schwächeanfälle, wurden ungläubigen Freunden vorgeführt, und ein Theaterkritiker behauptete, Rum sei in einem früheren Leben ein berühmter Tragöde gewesen.

Als wir einmal im Herbst einen schönen fetten Fasan in der Speisekammer und Freunde aus London zu Besuch hatten, versah Rum nicht wie sonst Dienst an der Speisekammertür. Er kam auch nicht, als wir ihn riefen, aber alle anderen Katzen erschienen erwartungsvoll schnurrend und wanderten in kleinen, zierlichen Kreisen um den Küchentisch.

»Der gierige alte Kerl ist wahrscheinlich bei der Rattenjagd ertrunken, wacklig wie er nun mal ist«, meinte Jane.

Ich war verzweifelt, verfluchte die Mühle, die Gäste, die Insel, den Golfstrom und alle, die mir in den Weg liefen.

Dann ging ich in die Speisekammer, um den Fasan zu rupfen und in das Bratrohr zu schieben.

Als ich die schwarze Tür öffnete, stürzte Rum an mir

vorüber. Sein Fell war mit kleinen, bunten Fasanenfedern gespickt, und dem jungen Fasan fehlte, wie von einem Koch kunstgerecht abgelöst, die Brust.

Wir sagten den Freunden nicht, was geschehen war, sondern setzten den leicht Erstaunten Fasanenragout vor, mit sehr viel Gemüse und Kartoffeln gestreckt und mit einer dicken Sauce übergossen, die verhüllen sollte, daß der beste Teil fehlte.

Jane erklärte seelenruhig, es wäre ein altes schottisches Gericht. Im Backofenloch ruhte Rum, unfähig zu schnurren, in tiefem Schlaf. Und neben ihm seine weiße Gefährtin Gin, die sich seine Lethargie wohl nicht zu erklären vermochte, denn hin und wieder legte sie ihre schneefarbene Krallenhand auf seinen Kopf, als wolle sie sagen: »Na, mein Alter, was ist denn heute mit dir los?«

Herzogin Nana

Wir erstanden die zwei winzigen blauen Perserkätzchen von einer Züchterin, die zu alt geworden war, um sich weiter um ihre Katzenzucht zu kümmern. Es war eine Art Katzenausverkauf zu stark ermäßigten Preisen, und warum wir ausgerechnet noch zwei Perser zu unseren zahlreichen Katzen kaufen mußten, wußten wir selber nicht.

Die zwei Wollbündel waren entsetzt, als wir sie aus dem Korb hoben, und verschwanden zischend unter dem Küchenschrank, während Pollykeye zuerst empört »get out-get out!« rief, um dann täuschend eine wehmütige Katerstimme nachzuahmen.

Die zwei Neulinge starrten mit vorschriftsmäßig orangefarbenen Augen aus ihrem Versteck und wimmerten kläglich. Wir stellten eine alte Bratpfanne, darin Sägemehl und Erde gemischt, und eine Schale Milch in die Nähe des Schrankes und ließen sie in Ruhe. Aber unsere Katzen wollten durchaus und sofort wissen, wer unter dem Schrank war, und versuchten der Reihe nach vorsichtig, die Neuankömmlinge herauszuangeln, wobei sie ungastlich grollten. Nur Rum, weise und überlegen wie stets, hockte im Backofenloch und wartete geduldig.

Allmählich beruhigten sich alle. Die Neuen krochen aus ihrem Versteck, tranken Milch, scharrten ordnungsliebend in der Bratpfanne und fügten sich allmählich in das Farmleben.

Wir nannten das Pärchen Nana und Omar.

Sehr bald bemerkten wir, daß diese zwei anders als alle anderen Katzen waren: hochmütig-zurückhaltend und stets ablehnend. Sie mischten sich niemals unter die gewöhnlichen Katzen, sie suchten niemals Anschluß, sie schienen alles und alle zu verachten und beschlagnahmten schließlich einen Korb, der Kater Ink gehörte.

Wenn sie die Kätzin Gin trafen, spuckten sie sie an, und dann sagten sie wohl etwas – drohend oder beleidigend –, denn Gin zog sich jedesmal kleinlaut zurück.

Sie fraßen nur, wenn jede eine Schüssel für sich bekam, und wichen zurück, wenn andere Katzennasen sich der Schüssel näherten. Und Nana hatte eine besonders vornehme Art, die silbergraue Krallenhand abwehrend emporzuheben oder auch bittend, wenn sie etwas wünschte oder mit schwacher Stimme eine Beschwerde vorbrachte. Sie wehrte stets alle Katzen ab, und sie beklagte sich sehr oft. Bald war das Fleisch nicht fein genug geschnitten für ihren winzigen, etwas schiefen Mund. Dann wieder war der Fisch zu warm. Oder sie brauchte sofort eine kleine Extramahlzeit, auf dem Küchentisch, denn sie nahm nichts auf dem Fußboden zu sich, und auch dann nur in ihrer blauen Porzellanschüssel serviert.

Je älter sie wurde, desto vornehmer und affektierter wurde sie. Sie miaute auch niemals, sondern piepste unkätzisch oder öffnete auch bloß lautlos den schiefen, schwarzrosa gefleckten Mund. Sie besaß keinerlei Katzeninteressen, weder für Vögel noch für Mäuse, und wenn sie einmal eine Ratte erblickte, floh sie zitternd ins Haus, und wäre sie eine Dame gewesen, so hätte man ihr dann ein Riechfläschchen reichen müssen. Nur einmal begleitete sie einen jungen Maulwurf, der sich verirrt hatte, sorgsam zu seinem Tunnel und blieb dann nachdenklich neben der Öffnung sitzen.

Als Herzogin Nana mannbar geworden war und sich wehmütig piepsend rollte, was man hierzuinsel diskret »the Queen is calling« nennt, brachten wir sie zum Champion-Kater »Blue Boy of Warwick«, dessen Stammbaum länger war als der des Hauses Windsor. Die Züchterin berichtete, als wir sie wieder abholten, daß sie Blue Boy gegenüber zuerst vornehmste Zurückhaltung bewahrt und sich nur zögernd zu einer entgegenkommenden Haltung entschlossen hätte.

»Und Blue Boy war so verrückt nach ihr, daß ich ihm ins Gesicht blasen mußte, um ihn endlich zu ernüchtern«, fügte sie sachlich hinzu.

Als Nanas schwere Stunde gekommen war, schnurrte sie bloß leise vor sich hin und beklagte sich über ihre Wehen. Sie tat aber nichts, um die Wehen zu unterstützen.

Schließlich mußten wir sie in die Katzenklinik bringen, wo sie unter Narkose von zwei Jungen entbunden wurde.

Aber so wie viele vornehme Damen nahm sie keine Notiz von ihren Sprößlingen und wollte sie durchaus nicht säugen. Bis ich entdeckte, daß sie sie nur auf meinem Bett trinken ließ, weil sie immer dort geschlafen hatte und daher den Wochenkorb in der Küche ablehnte. So schliefen wir denn nachts zu viert in meinem Bett.

Sie wurde trotzdem keine gute Mutter, und die beiden Jungen wuchsen nur langsam. Dafür waren sie blau wie ein abendlicher Sommerhimmel. Doch ihre kleinen Leben wurden lange vor ihrer Zeit beendet: Nina wurde vom Dorfarzt überfahren und Nanouk erlag der Katzenseuche, die unsere Katzenbrigade innerhalb von drei Tagen von sechzehn auf sieben reduzierte. Und so war die Herzogin wieder allein mit Bruder Omar, von dem sie keine Notiz nahm. Eine seltsame, vorübergehende Freundschaft mit einer jungen Blaumeise, die sich ins Zimmer verirrt hatte, wurde rasch beendet, weil der Vogel sich bald erholte. Einträchtig saßen sie in einem Sonnenfleck auf dem Fensterbrett, und die Herzogin sah besorgt zu, wenn wir Fliegen in den weit geöffneten Schnabel steckten. Und als er, den wir Titty genannt hatten, eines Tages aus dem Fenster flog und später ein Nest im Fliederbaum baute, wartete die Herzogin nur kurze Zeit auf seine Rückkehr – denn sie liebte sich selbst am meisten.

Sie wuchs zu einer Haustyrannin heran, die uns mit Bitten und Beschwerden aller Art belästigte, sobald wir in die Küche kamen. Sogar Jane sagte oft: »Ich muß ihr erst etwas Sahne geben.« Oder: »Nana wünscht, sofort gebürstet zu werden.«

Ihre Lieblingsspeise war Butter. Margarine konnten wir ruhig auf dem Tisch stehenlassen. Als wir einmal für einen Wochenendbesuch ein Pfund von Jane besonders schön geformter Butter stehengelassen hatten, fanden wir Nana, emsig bemüht, mit winziger Rosazunge die Butter noch schöner zu formen, wobei allerdings eine ganze Ecke verschwunden war, so daß Jane sich wieder an die Arbeit machen mußte.

Trotz ihrer Zimperlichkeit war sie zäh und gesund, und als wieder einmal die Katzenseuche unsere Farm heimsuchte und wir überall tote und sterbende Katzen fanden, überstand Nana ihren Anfall, wenn auch bitterlich klagend.

Aber Bruder Omar, der zart und zuletzt zuckerkrank war, vermochte keinen Widerstand zu leisten und starb rasch und leise schnurrend, wie dies sterbende Katzen oft tun.

Ob Nanas kleines, egoistisches Wesen den Tod des Bruders erfaßte, ob sie ihn vermißte?

Sie hockte neben uns, als Jane sein Grab unter dem alten Birnbaum ausschaufelte, in dessen Schatten er so gern an warmen Tagen geruht hatte. Sie beroch sorgfältig prüfend die aufgeworfene Erde, spielte verträumt mit einem Regenwurm und wanderte dann langsam wieder ins Haus.

Und auf den Küchentisch springend, bat sie dringend um ein Schälchen Sahne.

Die Maus Unfug

Die Mäuse- und Rattenplage war trotz unserer fleißigen Katzen mit einem Male wieder unerträglich geworden. Man fand die Viecher überall. Sie huschten unbekümmert zwischen den Pferdehufen umher, sie pfiffen aus Mauerritzen im Kuhstall, sie hockten in den Trögen von Schweinen und Kälbern, und so legten wir schließlich das neueste Ratten- und Mäusegift aus. Der Prospekt versicherte, daß »Scram« alles Ungeziefer binnen vierundzwanzig Stunden reduziere und beim zweiten Auslegen völlig vernichte. Die Firma ließ sich allerdings eine kleingedruckte Hintertür offen: »– vorausgesetzt, daß Sie unser Präparat genau nach Anweisung verwenden.« Diese Hintertür war vom Firmenvertreter bei seinem Besuch nicht erwähnt worden.

Nach vierundzwanzig Stunden fanden wir eine tote Ratte, von der Jane behauptete, sie wäre sowieso an Altersschwäche gestorben. Und nach dem zweiten Auslegen brachte uns Bimbo stolz eine mittelgroße Ratte in die Küche, während die anderen höhnisch weiterpfiffen.

Dafür hockte aber auf der Schwelle des Pferdestalles eine winzige, neugeborene Miniaturmaus, mit rosa Händchen und stecknadelwinzigen, ängstlichen Äuglein. Die Winzigkeit war so schwach und hilflos, daß sie nicht einmal davonlief, sondern zitternd hocken blieb.

Vielleicht war ihre Mutter vergiftet worden. Vielleicht hatte Kater Rum sie erlegt, der ungewöhnlich schläfrig-vollgefressen auf dem Zaun hockte und teilnahmslos auf die Babymaus starrte.

Ich nahm sie ins Haus, gab ihr etwas Milch, ein paar

eingeweichte Brotkrumen, und sie blieb am Leben. Ihr Appetit stand in keinem Verhältnis zu ihrer Größe. Ihr kleiner Bauch rundete sich von Tag zu Tag in beängstigender Weise, als ob er jeden Augenblick platzen oder sie wie einen Ballon zur Küchendecke tragen würde. Aber nichts dergleichen geschah, und sie schlief friedlich nach jeder Mahlzeit in einer Bisquitdose, mit einem alten Wollhandschuh zugedeckt.

»Eine Maus füttern, statt sie zu erschlagen – was für ein Unfug! Na, die Katzen werden sich schon ihrer annehmen, wenn sie fett genug ist«, meinte Jane.

Aber die Katzen, die mit funkelnden Augen gelauert hatten, während ich den Unfug, die Maus, fütterte, waren mit lautem: »No!« verjagt worden, und Rum hockte fassungslos über dies unverständliche Verbot im Backofenloch, um zu sehen, ob es nicht doch wieder aufgehoben würde. »Was sollen die armen Katzen sich bloß denken, wenn man ihnen jetzt mit einem Mal das Mäusejagen verbietet«, meinte Schweizer Bill. Ja, was dachten sich wohl die Katzen?

Zwar entfernten sie sich, wenn ich »no« sagte, kehrten aber bald wieder und warteten geduldig und zäh auf einen günstigen Augenblick.

Die Maus Unfug fraß und schlief indessen unbekümmert weiter in der Bisquitdose im Küchenschrank. Und als ich eines Tages nach ihr sah, war sie verschwunden, während die Katzen wie ägyptische Statuen mit scheinbar leeren, aber alles sehenden Augen auf ihren Plätzen hockten.

»Wer hat sie gefressen?« fragte ich. Die Katzen schnurrten freundlich, und Jane sagte:

»Hauptsache ist, daß sie gefressen wurde.«

Aber Unfug erschien wieder zur Teestunde, hockte auf meiner Hand, knabberte Brotkrümel und trank Milch aus meiner Untertasse.

Dann nahm sie einen Erkundungsausflug in meine Leinenhose, raste in mein Arbeitshemd, bis zum Hals hinauf und ebenso rasch wieder zwischen den Schulterblättern herunter, wo sie schließlich laut pfeifend steckenblieb.

Die Katzen starrten mich mit weit aufgerissenen Augen an.

»Gib sie mir, ich geb ihr eins auf den Kopf, damit Schluß mit dem Unfug ist«, sagte Jane. Aber in diesem Augenblick schrillte das Telefon; und ich tat Unfug wieder in ihre Dose, beschwerte den Deckel und stellte sie außer Sicht auf den Küchenschrank.

So verging wieder eine Woche.

Die Katzen schienen eingesehen zu haben, daß Unfug so etwas wie ein kleiner, unantastbarer Hausgötze war, den man weder ungestraft berühren noch fressen durfte. Außerdem gab es draußen bessere, fettere Ratten und Mäuse, denn das Gift hatte nicht gewirkt, vielleicht, weil ausdrücklich fettgedruckt erwähnt wurde, daß es ein sanftes, schmerzlos wirkendes Gift sei.

Unfug schlief ein, fraß, ging auf Forschungsreisen, verirrte sich dabei einmal in Bimbos buschigem Schwanz, machte Männchen mit kleinen gefalteten Händchen, und Jane sagte, ich solle ihr doch endlich ein kleines silbernes Glöckchen umhängen.

Pollykeye, die immer alles Neue haßte, schrie oft »get out« und einmal sogar Hilfe, als Unfug sich in ihren Käfig verirrte.

Eines Nachts versteckte sich Unfug in der alten Standuhr im Fremdenzimmer, in dem gerade unser elfjähriger Besuch schlief. Das Kind erwachte und schrie: »Der Müller spukt!« Es war nicht leicht, Unfug aus der Standuhr herauszubekommen, in der sie pfeifend auf und ab raste, bis die Zapfen in Stillstand gerieten und die Uhr nach etlichem Knarren zu ticken aufhörte.

Natürlich war sie nur ein Unfug. Aber es machte Spaß, eine Maus in voller Bewegungsfreiheit und die Katzen unter einem Dach zu haben. Andererseits blieb natürlich die Todesgefahr bestehen, denn eine anständige Katze läßt keine Maus auf die Dauer in Ruhe. Und doch schien es zuweilen, als ob sie sich mit Unfug abgefunden hätten – vielleicht war es auch nur ein Warten auf den günstigen Augenblick, denn hin und wieder wurde vorsichtig eine Tatze ausgestreckt und glitzernde Augen lauerten.

Jane wiederholte öfters, die Natur ließe sich nicht unterdrücken, Unfug wäre ein Mädchen, das bald viele kleine Mäuse zur Welt bringen würde. Und was dann?

Eines Morgens fanden wir sie krank im Küchenschrank neben einer zur Hälfte verspeisten Tafel Schokolade.

»Maus verscheidet an verdorbenem Magen«, stellte Jane sachlich fest.

Aber Unfug überlebte die Schokoladenorgie, und Jane sagte schließlich, sie hätte das alles gründlich satt:

»Sie muß fortgeschafft oder umgebracht werden. Es ist schlecht für die Katzen, wenn sie angeschrien und verjagt werden, sobald sie Unfug anrühren wollen, und gelobt werden, wenn sie andere Ratten und Mäuse von draußen hereinbringen, um uns zu zeigen, wie fleißig sie sind – und überhaupt ist die ganze Sache lächerlich.«

Und so tat ich denn, was ich lieber anderen überlassen hätte, trug Unfug in den Kälberstall und stellte eine Untertasse mit Milch und Kuchenkrümeln neben sie. Unfug war zuerst sichtlich erstaunt und machte Männchen. Es sah aus, als ringe sie ihre kleinen grauen Händchen.

Gegen Abend ging ich wieder zum Kälberstall.

Auf der Schwelle hockte Rum, sein Fell schimmerte in der Abendsonne, seine Bernsteinaugen starrten gleichmütig ins Leere. Und neben ihm saß Unfug und machte Männchen. Als ich sie rief, raste sie mir entgegen und an mir herauf.

Am nächsten Tag war sie verschwunden.

Wir sahen sie nicht wieder.

»Sie ist endlich den normalen Mäusetod gestorben. Rum hat nur geduldig gewartet, bis sie fett genug für ihn war«, bemerkte Jane.

Tod der Herzogin

Ahnte die blauseidene Perserin, meine Gefährtin während anderthalb Jahrzehnten, daß dies ihr letzter Lebensfrühling war – dieser erste Frühling in unserem strohgedeckten Lebensabend-Häuschen, in das sie noch vor wenigen Monaten einen halb verhungerten und zerfetzten schwarzen Kater heimgebracht hatte, damit er sich endlich einmal sättigen konnte, während sie schnurrend daneben hockte?

Es schien, als genieße sie jeden spärlichen Sonnenstrahl, den sie erwischen konnte. Und doch suchte sie schon nach kurzer Zeit wieder die schattige Kühle des blühenden Apfelbaumes auf, um lässig-verspielt am zartgrünen Efeupanzer herumzutasten. Langsam, ein wenig lahm, wanderte sie zwischen neu angelegten Blumenbeeten umher und schaltete kurze Ruhepausen ein, um sich schließlich erschöpft im Gras zu entspannen, die silbergrauen Krallenhände, die früher scharf zugeschlagen hatten, von sich gestreckt.

Auch versuchte sie in letzter Zeit, mehr als sonst, etwas zu sagen. Aber die leisen Schwingungen ihrer Stimme erreichten jetzt wohl nur noch ihre Artgenossen, die dennoch achtlos an ihr vorüberwanderten, auf jenen geheimnisvollen, wichtig scheinenden Wegen, einem bestimmten Ziel entgegen, von dem wir nichts wissen dürfen.

Der herzogliche Gang am frühen Morgen galt dem wilden Rosenbusch, wohin jeden Abend eine Schüssel Milch und Fleisch für den von ihr geretteten Kater gestellt wurde, den wir den Schwarzen Mann nannten, denn der Schwarze Mann hinterließ dort seine Visitenkarte – und sie stand sinnend eine Zeitlang dort. Entsann sie sich ihrer Jugend, der Liebhaber, die vor Jahren die alte Mühle umjammert hatten? Dachte sie an ihre Kinder, an die kleine, zartgraue Prinzessin Nina, an den tiefblauen Sohn Nanouk? Oder genoß sie bloß den selten warmen Frühling?

Zuweilen gingen wir besorgt zum Tulpenbeet, um nach ihr zu sehen, denn ihre Ruhepausen wurden länger, der Rückweg sichtlich beschwerlicher. Abgesehen von diesen kleinen Alterssymptomen blieb sie, wie sie stets gewesen war: vornehm-zurückhaltend, sehr wählerisch, nur das Allerbeste fordernd und was ihr nicht paßte, verächtlich zurückweisend. Milch hatte sie niemals zu sich genommen. Sie forderte Sahne, keinerlei Täuschung gelang. Auch durfte es nur Kalbsleber an den bestimmten Lebertagen sein, niemals Ochsenleber. Niemals Hering, am liebsten Seezunge und diese so oft wie möglich.

Vom Brathuhn wollte sie nicht etwa den Sterz, in England aus unerfindlichen Gründen »Popes Nose«, Papstnase, genannt, sondern nur die Auster, dies zarteste Teil über dem Schwanzende. Wagte man, ihr irgend etwas anzubieten, was sie traditionsgemäß und ihrem hohen Rang entsprechend niemals zu sich nahm, trat sie in Hungerstreik, und ihre Klagen waren so unerträglich, daß man sich beeilte, ihre Wünsche zu erfüllen.

Wie stets, kam sie auch jetzt im hohen Alter zum täglichen Frisieren, nur vermochte sie nicht mehr, auf den Stuhl zu springen, sondern bat, man möge sie hinaufheben. Dann lag sie wohlig schnurrend da, ließ sich das blauseidene Gewand kämmen und bürsten, indem sie mit geschickter Wendung angab, welche Stellen besondere Aufmerksamkeit erforderten.

War es ein Zufall, daß sie an einem warmen Maientag bat, zum zweiten Male frisiert zu werden? Ahnte sie das Unabwendbare, wollte sie Nähe, Fürsorge spüren? Was wollte sie sagen, als sie auf ihre eigene Weise zu sprechen begann, den kleinen, ein wenig schiefen rosa Mund öffnend, aus dem kaum hörbar Laute kamen? War es Dank, war es Klage, war es eine Bitte, war es vielleicht das, was wir »Letzte Worte« nennen, der Versuch, noch etwas zu sagen, das so wichtig, so dringlich und doch so nichtig angesichts der Ewigkeit ist?

Leise schnurrend ruhte sie in ihrem mit rosa Seide ausgeschlagenen Korb und bewegte die Krallenhand, diese scharfe Waffe, verborgen hinter graublauem Samt, als wollte sie ihr kleines, entgleitendes Leben festhalten.

Wir boten ihr alles, was sie gern hatte, auf dem Teller, von dem sie stets Nahrung zu sich nahm. Seit Wochen schon enthielt die Speisekammer eine Auswahl ihrer Lieblingsgerichte. Aber an diesem Tag lehnte sie Kalbsleber ab, wies ein Stückchen Seezunge zurück. Auch der Teelöffel mit Hühnergelee wurde nur berochen, einige Tropfen Sahne in der rosa Porzellanschüssel mehr aus Höflichkeit gekostet.

Dann legte sie sich nieder, um gleich wieder aufzustehen und um etwas zu bitten. Es war offensichtlich eine Bitte, denn sie hob die Hand. Wir boten ihr, was sie sonst erfreut hatte, die kleine mit besonderen Kräutern gefüllte Spielmaus, den Zelluloidball, der leise klirrte, wenn sie ihn umherrollte. Da wir sie nicht verstanden, legte sie schließlich mit einem leisen Laut der Unzufriedenheit ihre Krallenhand auf die Bürste.

Als ich sie nun, zum dritten Male, zu bürsten begann, streckte sie sich wohlig aus und begann in alter Lautstärke zu schnurren, die vorschriftsmäßig orangefarbenen Augen weit offen auf mich gerichtet. Niemand hatte je so zu schnurren vermocht wie die Herzogin. Ihr schimmerndes Blaufell hatte stets etwas vom Gewand einer vornehmen, hochmütigen, ein wenig altmodischen Dame.

Leise legte sie ihre Hand auf die meine; und während ich sie behutsam bürstete, beschloß Herzogin Nana ihr kleines Erdendasein, tadellos frisiert, wie es sich für eine Persönlichkeit ihres Ranges gehört.

Eva Demski
Aus meiner Katze ist die Mordlust gewichen

Aus meiner Katze
ist die Mordlust gewichen
Jetzt ist sie alt.
Tupft zärtlich neben die Fliege
winkt mit der Pfote
den Vögeln Adieu.
Wenn sie denkt, daß ich nicht hinschaue
zittert sie mit dem Kinn
Spricht sehnsuchtsvoll
Wörtchen der Erinnerung
an glorreiche Jagden von einst.
Manchmal liegen Federn im Garten.
Sie sieht sie an, lang.
Das war ich nicht, sagt sie
zu mir.

Oktober 1983

Christa Reinig
Denkmal für Kolumbus

Das schrecklichste Sterben, das ich mitangesehen habe, war nicht das Sterben eines Menschen, sondern einer Katze. Meine Mutter hatte mir, bevor sie starb, ihre Katze vermacht. An einem schönen Sonnabend war ich zu Freunden nach Westberlin gefahren und hatte bei ihnen übernachtet. Am anderen Morgen erfuhren wir, daß Ostberlin von der Außenwelt hermetisch abgeschlossen war. Niemand durfte mehr heraus. Ich schlug alle Bitten, Mahnungen, Warnungen, alle Einladungen und Hilfeangebote in den Wind und sagte: »Ich muß Kolumbus füttern«, ging in den Osten zurück und ließ mich einmauern. Ein halbes Jahr später lag Kolumbus im Sterben. Es war am späten Abend. Das Haus war verschlossen und vermutlich auch das Haus des Tierarztes. Telefon gab es nicht. Man konnte das Tier auch nicht transportieren. Kolumbus war bei Freunden und Nachbarn berühmt als die größte Katze der Welt. Die Leute erschraken, wenn er auf der Straße erschien oder ich ihn irgendwohin trug. Ich hielt ihn an den Hinterpfoten gepackt, die Hand nahe der Hüfte. Er hing über meine Schulter, seinen Kopf auf meinem Rücken, schrie und zerkratzte mir mit den Vorderpfoten den Hintern. Die Leute, die das sahen, türmten. Nun war er vierzehn Jahre alt. Die Hungerkur hinter der Mauer gab ihm den Rest. Er schickte sich an, mich, die ich seinetwegen zurück in den Osten gekommen war, zu verlassen.

Einen Augenblick dachte ich daran, wegzurennen, und

einen Arzt zu holen, so wie ich seinerzeit daran dachte, vom Sterbebett meiner Mutter wegzurennen. Aber meine Mutter hatte mich gehindert. Auf meine Frage, ob ich nicht versuchen solle, einen Arzt zu bekommen, stieß sie ein verächtliches »Ach!« aus. Dann sagte sie: Ich sterbe. Ich sagte: So leicht stirbt sichs nicht. Doch! sagte sie und starb. In dem Buch »Unsere kleinen Lieblinge« stand geschrieben: Wenn eure kleinen Lieblinge, deren Lebensdauer doch soviel begrenzter ist als die des Menschen, sterben müssen, verlaßt sie nicht in ihrem Todesaugenblick. Ihr habt sie in die Schicksale der Menschenwelt hineingezogen, nun erfüllt an ihnen eure Menschenpflicht. Nun, hier meine Menschenpflicht erfüllt zu haben, das hat mich fast das Leben gekostet. Man kann zu einem Tier nicht sagen, jetzt stirb mal schön. Man kann es nicht einmal denken. Das Sterben eines Menschen ist eine Aufgabe. Er hat hoffentlich gewußt, daß er sterben muß, und er hat sich darauf vorbereitet, hoffentlich. Ich kann mich nicht, wie vielleicht Martin Luther, damit trösten, daß ich meinen kleinen Liebling im Jenseits wiedersehe. Denn das, was für den Menschen der Trost seines Lebens und Sterbens ist, daß er mit all seinen Lieben über den Tod hinaus vereint bleiben wird, das kann ich mit dem Tier nicht teilen. Ich kann mir einbilden, daß ich mit Kolumbussens Seele auch nach seinem Tode innig vereint bleibe. Aber er kann sich das nicht einbilden. Ich dachte daran, diesen grauenhaften Todeskampf abzukürzen, der mir sinnlos erschien, weil ich mir nicht einreden konnte, daß Kolumbus durch diesen Todeskampf geläutert zu höherem, edlerem Dasein emporsteigen würde. Ich plante, eine Kiste abzudichten und den Gasschlauch hineinzuführen. Dann blieben meine Gedanken stehen und ich wußte, wenn ich nur den kleinsten Finger rührte, dann würde ich mich wie ein Automat bewegen, Fenster und Türen mit eingerollten Papieren verstopfen und uns beide, die Katze und mich, in der Küche auf die Erde betten. Nun wußte ich, wie der Tod aussieht. Manchmal hatte ich gedacht: Jetzt gehts ans Sterben? Komisch, mir ist nicht zum Sterben zumute. Und so war es dann auch. Aber hier gings ans Sterben. In diesem Haus, in diesem Zimmer strudelte der Trichter einer riesigen Windhose. Ich saß mitten drin. Nur die kleinste Bewegung, es hätte mich davongewirbelt. Ich hielt mich still mit aller Kraft und widerstand der Versuchung, mich zu rühren. Da spürte ich, wie der Strudel langsam nachließ. Das Sterben ging weiter. Ich erinnerte mich daran, wie meine Mutter in der Nacht ihres Todes zurückgekehrt war, obwohl sie doch ausgestreckt auf ihrem Bett lag. Sie kam zur Tür herein und legte mir Kolumbus in den Arm. Ich spürte ihn, wie er sich gegen mein Festhalten sträubte, obwohl ich doch hörte, wie er in der Küche auf dem Kästchen kratzte. So, wie es mir meine Mutter vorgemacht hatte, wollte ich jetzt handeln. Ich legte mich wie zum Schlafen und nahm Kolumbus in meinen Arm. Sogleich hörte der Todeskampf auf. Kolumbus schien eingeschlafen zu sein. Nach einiger Zeit kam der Strudel wieder. Unvermittelt war er da, sehr viel schwächer als das erste Mal. Ich war gewiß, er könne mir nichts anhaben. Es ging vorüber. Dann sprang Kolumbus mit einem gräßlichen Schrei auf die Füße. Ich knipste das Licht an. Kolumbus sprang vom Bett und rannte durch die Stube. Noch einmal schrie er: den Todesschrei. Ich nahm ihn auf. Seine Glieder knickten nach allen Seiten ab. Sein Fell war klatschnaß. Er war ganz klein geworden. Wenn es nicht aufhört, dachte ich, und schloß die Hände um seine Kehle. Ich wollte zudrücken. Da wurde er ganz leicht in meiner Hand wie eine Feder. Das Leben hatte ihn verlassen. In kürzester Frist würde er schwer wie ein Stein sein. Schwerer als je im Leben und steinhart. Ich rollte ihn zusammen, so daß er in einen Koffer passen konnte. Am andern Morgen wollte ich ihn beisetzen. Ich ging in einen Park, grub einen Tunnel unter die Monumentalplastik, die »Herakles und der Löwe« heißt, und setzte ihn bei. So bekam er das größte Katzendenkmal der Welt.

Margaret Atwood
Unser Kater kommt in den Himmel

Unser Kater wurde ergriffen und in den Himmel entführt. Höhen hatte er noch nie gemocht, also versuchte er seine Krallen in das zu schlagen, was immer ihn da unsichtbar emportrug, Schlange, Riesenhand oder Adler, aber er hatte damit kein Glück.

Bei seiner Ankunft erwies sich der Himmel als weites Feld. Da gab es eine Menge von kleinen rosa Wesen, die unablässig herumliefen, und zuerst dachte er, dass es Mäuse wären. Dann sah er Gott, der auf einem Baum saß. Engel flogen mit ihren flatternden weißen Flügeln hin und her; sie gaben Laute von sich wie Tauben. Immer mal wieder streckte Gott eine große, fellbedeckte Pfote aus und griff sich einen aus der Luft und zermalmte ihn zwischen den Zähnen. Der Boden unter dem Baum war bedeckt von abgebissenen Engelsflügeln.

Unser Kater ging höflich zu dem Baum hinüber.

Miau, sagte unser Kater.

Miau, sagte Gott. Eigentlich war es mehr ein Brüllen.

Ich hab mir schon immer gedacht, dass du eine Katze sein müsstest, sagte unser Kater, aber ich war mir nicht sicher.

Im Himmel werden alle Dinge offenbar, sagte Gott. Dies ist die Gestalt, in der es mir beliebt, vor dir zu erscheinen.

Ich bin froh, dass du kein Hund bist, sagte unser Kater. Was meinst du, könnte ich meine Hoden wiederhaben?

Aber natürlich, sagte Gott. Sie sind hinter dem Busch da.

Unser Kater hatte schon immer gewusst, dass seine Hoden irgendwo sein mussten. Eines Tages war er aus einem ziemlich unangenehmen Traum erwacht und hatte festgestellt, dass sie weg waren. Er hatte sie überall gesucht – unter Sofas, unter Betten, in Schränken –, und die ganze Zeit über hatten sie sich hier befunden, im Himmel! Er ging zu dem Busch hinüber, und tatsächlich, da lagen sie. Sie ließen sich sofort wieder anbringen.

Unser Kater war sehr erfreut. Danke, sagte er zu Gott.

Gott putzte sich gerade die eleganten langen Barthaare. De rien, sagte Gott.

Kann ich dir vielleicht dabei helfen, ein paar von den Engeln zu fangen?, sagte unser Kater.

Du hast Höhen noch nie gemocht, sagte Gott, während er sich im Sonnenlicht auf seinem Ast streckte. Ich habe vergessen, das Sonnenlicht zu erwähnen.

Das ist wahr, sagte unser Kater. Die mochte ich nie. In diesem Zusammenhang gab es einige unerfreuliche Episoden, die er lieber vergessen wollte. Na gut, wie wär's mit ein paar von diesen Mäusen?

Das sind keine Mäuse, sagte Gott. Aber fang ruhig, so viele du willst. Bring sie nicht gleich um. Lass sie leiden.

Du meinst, mit ihnen spielen?, sagte unser Kater. Es gab immer Ärger, wenn ich das gemacht hab.

Das ist eine Frage der Semantik, sagte Gott. Hier gibt's deswegen keinen Ärger.

Unser Kater beschloss, diese Bemerkung zu ignorieren, weil er nicht wusste, was »Semantik« bedeutete. Er hatte nicht die Absicht, wie ein Narr dazustehen. Wenn das keine Mäuse sind, was sind sie dann?, sagte er. Und schon hatte er einen Satz gemacht und hielt eines von den kleinen Wesen unter den Pfoten. Es strampelte und stieß winzige Schreie aus.

Das sind die Seelen von menschlichen Wesen, die auf der Erde Böses getan haben, sagte Gott und schloss die gelb-grünen Augen halb. Nun wird's Zeit für mein Nickerchen, wenn es dir nichts ausmacht.

Aber was machen die dann im Himmel?, sagte unser Kater.

Unser Himmel ist ihre Hölle, sagte Gott. Ich schätze ein Universum, in dem sich alles ausgleicht.

Katja Lange-Müller
O Gott, die Katze ...

Wie kam ich bloß zu dieser Geschichte? Hat sie mir jemand erzählt? Las ich sie in einem verschollenen Buch oder im unerforschlich gleichmütigen Blick einer Katze? War sie ein Traum, an den ich mich bis heute erinnere? Alles zusammen womöglich? Ich kann es nicht sagen. Nur dies weiß ich genau: Jedes Mal, wenn mir eine Katze begegnet, vielmehr ich ihr, denn eine Katze, die mich nicht sehen will, bekomme auch ich nicht zu Gesicht, fällt mir wieder ein, wie das gewesen sein soll mit der Katze, dem Lieben Gott und dem Menschen.

Es war am Ende des vorletzten Tages der Schöpfung; die Sonne, die ja, wie die Gestirne alle, bereits existierte, ging gerade zum fünften Mal unter, da saß auf Gottes mächtiger, lehmverschmierter Töpferscheibe fix und fertig die Katze. Sie war prachtvoll, kleiner, aber getigerter als selbst der Tiger, ihr Fell, vom rosigen Näschen bis zum buschigen Schwanz, dicht und seidig, die Schnurrbarthaare, kühn geschwungen, zart und elastisch wie gesponnenes Silber, sträubten sich empor zu den beiden phosphorgrün leuchtenden Irisscheiben, in denen, ebenmäßigen Kernen gleich, die schwarzen Ellipsen der Pupillen steckten. Ihre gepolsterten Vorderpfoten standen eng beieinander; ohne zu blinzeln, schaute sie an Jehova Gott rauf, runter und wieder rauf, als sei er nicht furchterregend riesig und umzuckt von Geistesblitzen.

Ob es daran lag, dass Gott Feierabend hatte, also schon

ein wenig erschöpft war von der Mühsal der Schöpfung, oder ob er, wie jeder wahre Künstler, doch etwas Stolz empfand beim Anblick seines für heute letzten Geschöpfes oder ob er, von plötzlichem Argwohn befallen, die Katze testen wollte, wer vermag das zu sagen?! Jedenfalls ließ er die Lider über seine großen, strengen, aber grundgütigen Augen sinken; seine langen Wimpern warfen den Schatten der Barmherzigkeit über das braun-schwarzgestreifte Wesen, und Gott sprach: »Du bist mir wohlgefällig, Katze. Und da mich, ob meines an dir so offensichtlich gewordenen Talents im Tierekneten, gute Laune anwandelt, und du mir auch einen geschickten, unerschrockenen, hungrigen Eindruck machst, will ich, unter sämtlichen Kreaturen, die ich bislang schuf, dir allein ein Privileg gewähren. Du, Katze, darfst Mäuse fangen, denn an diesen dreisten Nagern wird es der Welt nicht mangeln.«

»Och«, murrte die Katze, »immer bloß Mäuse, das ist eine langweilige Kost.«

Da hob Gott schon ein wenig die Braue und räusperte sich, sagte dann aber mit nicht mehr ganz so milder Stimme: »Na gut, weil du es bist, und weil ich die Vögel, obwohl sie weder säen noch ernten, ja ebenfalls ernähre, sei dir, die du ebenso wenig säst und erntest, hin und wieder auch ein Vögelchen erlaubt.«

»Nö«, maulte die Katze, »jeden Tag Mäuse oder Vögel und am nächsten wieder Vögel oder Mäuse, das wird verdammt fad. Was ist denn mit Federmäusen?«

»Pah«, machte der Liebe Gott, »du meinst wohl *Fleder*-mäuse? Oder habe ich dich bloß falsch verstanden, weil du so eine tiefe, kehlige Stimme hast? – Von mir aus. Mach dich zum Affen vor der Eule, leg dich auf die Lauer, schlag dir die Nacht um die Ohren, und solltest du wirklich einmal so ein Vampirchen erwischen, lass ihn dir schmecken, den erbärmlichen Happen aus Pelz, Haut und Knochen.«

Die Schwanzspitze der Katze begann zu wippen, aus ihrer nun erhobenen Pfote lugten die scharfen Krallen, was jedoch alles andere war als ein Zeichen eifriger Dankbarkeit. »Wenn es so ist, Gott«, fauchte die Katze, »will ich eben auch den Menschen fressen.«

Hätte es ihm jetzt die Sprache verschlagen, wäre der Liebe Gott nicht der Liebe Gott. O nein, er schickte seiner Katze, während er tief Luft holte, einen Blick, der derart ungnädig war, dass sie wegsehen musste; und dann polterte Gott los: »Bist du von Sinnen, du Bonsai-Bestie! Das kommt ja überhaupt nicht in die Tüte. Erstens habe ich den Menschen noch gar nicht fertig und zweitens wird der die Krone der Schöpfung. Menschenfressen ist verboten. Und Schluss.«

»Ich will aber! Ich will, ich will, ich will, . . .«, schrie die Katze; ihre Augen glühten giftgrün, die Haare auf ihrem Buckel sträubten sich und knisterten, ihr Schwanz wogte hin und her wie eine Palme im Sturm.

»Nein«, donnerte Gott.

»Doch«, rief die Katze.

So ging das eine Weile. Schließlich wurde dem Lieben Gott bewusst, dass er sich seit einer halben Stunde mit einer Katze stritt. Er schämte sich, denn er musste sich eingestehen, dass er, der er schließlich der Liebe Gott war, sich noch lächerlicher aufführte als das kleine Tier in seinem Zorn. War die Katze so anmaßend, weil sie so schön war? Oder war es genau umgekehrt? Und für allzu viel feinen Instinkt sprach es auch nicht, dass sie es wagte, mit ihren putzigen Samtfüßen von Minute zu Minute respektloser, fordernder, unleidlicher vor ihrem Schöpfer und auf dessen Nerven herumzutrampeln. Womöglich, erkannte Gott selbstkritisch, ist mir die Mieze doch nicht so wohl geraten, wie ich im ersten Moment geglaubt hatte. Aber da noch einmal nachbessern zu wollen, das ziemt sich nicht für ein Genie. Und außerdem weiß ich etwas, was die nicht weiß... Gott schielte rüber zu seiner Sanduhr; er wollte endlich ein Gläschen trinken und sich ausruhen für den letzten Tag der Genesis, an dem es den Menschen zu formen galt, der ja immerhin sein Ebenbild werden sollte. Ergreif eine List, eitel wie die ist, fällt sie drauf rein, sagte er sich – und dann zur Katze: »Du hast gewonnen, Süße. Ich will mal nicht so sein. Meinetwegen, friss Menschen. Doch bevor du einem von ihnen das Licht ausbläst, sollst du drei Vaterunser für mich beten, aber ganz andächtig, langsam und deutlich, bis zum letzten Wort.«

»Au ja«, jubelte die Katze, »das kann ich. Und dann wird er verputzt, der Mensch.«

Graziös wie keine nach ihr, sprang Gottes Katze runter von der göttlichen Töpferscheibe, schlüpfte dem Herrn zwischen den Beinen hindurch und entwich in die sternklare Nacht.

Seither sucht die Katze unsere Gesellschaft, jagt die Mäuse in unserem Haus, Keller und Stall, legt uns Vögel vors Bett und ganz selten auch einmal eine Fledermaus. Und wenn der von *ihr* erwählte Mensch sich hinsetzt, um ein bisschen auszuruhen von *seinen* Werken, macht die Katze einen Satz in dessen Schoß, rollt sich zusammen, schließt die Augen, um sich besser konzentrieren zu können, und fängt gleich an die Vaterunser herunterzuschnurren; sie betet und betet und betet..., schläft aber jedes Mal darüber ein.

Giovanni Reder (1693- nach 1764), *Bildnis des Katers Armellino* | um 1750 | Öl auf Leinwand

Nachwort

»Die Katze ist ein treuloses Tier und im Hause nur geduldet, um Tiere zu vertreiben, welche uns noch lästiger sind.« Diese wenig schmeichelhaften Worte über das Wesen der Katze stammen vom Comte de Buffon, dem wohl angesehensten Naturforscher des achtzehnten Jahrhunderts. In seiner vielbändigen *Allgemeinen Naturgeschichte*, die ab 1749 erschien, ließ er an der Katze nicht ein einziges gutes Haar: »Obschon Katzen in der Jugend von artiger und possierlicher Lustigkeit sind, so tritt doch schon ihre angeborene List, ihr falscher Charakter hervor, der sich mit jedem Tage immer mehr und mehr entwickelt und durch Erziehung nicht beseitigen lässt ... Sehr verschieden von dem treuen Hunde, dessen Gefühle sich alle seinem Herrn zuwenden, scheint die Katze nur für sich selbst zu fühlen, nur an sich selbst zu denken, nur bedingungsweise den Menschen zu lieben und in seiner Gesellschaft zu weilen, um sie in egoistischster Weise zu missbrauchen.« Die Katze, so schlussfolgert Buffon, sei »das entschiedene Gegenteil des aufrichtigen Hundes«.

Und der gelehrte Graf stand beileibe nicht allein mit seiner Meinung. Ganz im Gegenteil wurden allgemein die Kollateralschäden, die man für die Nutzung der Katze als Waffe im ständigen Krieg gegen die Mäuse angeblich in Kauf zu nehmen hatte, als sehr beträchtlich eingeschätzt. In den voluminösen Enzyklopädien, die zu Lebzeiten des französischen Grafen erschienen sind, werden die Risiken und Nebenwirkungen der Katzenhaltung als Kabinett des

Schreckens geschildert: »Katzen haben wohl auch Kinder und schlafende erwachsene Menschen erwürget«, hochgefährlich seien auch »ihre Haare, welche, so man etwas davon einschlucket, die Schwindsucht verursachen«, ferner bestünde »der von ihnen angerichtete Schaden in der Verunreinigung des Hauses durch ihren Harn und im Forttragen glühender Kohlen in ihrem Pelze«. Insgesamt seien Katzen »von Natur aus eifersüchtig, rachgierig, boshaft, heimtückisch und verrätherisch«. Dies sind nur einige von zahlreichen Stimmen männlicher Gelehrter, die sich in den wissenschaftlichen Werken dieser Zeit finden.

Eine völlig andere Bewertung der Katze kann man in einem für die weibliche Leserschaft herausgegebenen *Frauenzimmer-Lexicon* aus dem Jahr 1715 entdecken. Darin wird die Katze als »ein bekanntes und in dem Hause sehr nützliches Thier« beschrieben, das »von den Weibern deßwegen geheget wird, damit es die Ratten und Mäuse wegfänget«. Aus China berichtet dieses Lexikon von Frauen, die ihre Katzen »mit schönen Hals-Bändern auszuzieren pflegen« und dass man dort für Katzen mit glänzendem Fell »sieben und mehr Silber-Cronen zahlen müsse«. Außerdem würden chinesische Frauen ihre Katzen »sehr zärtlich halten, und selbige, wie das Teutsche Frauenzimmer die Bologneser Hündlein, stets mit sich herumtragen«.

Auch zu einer späteren Zeit fällt die sehr unterschiedliche Bewertung der Katze in allgemeinen Enzyklopädien und solchen für eine spezifisch weibliche Klientel auf. In *Meyers großem Konversations-Lexikon* von 1905 heißt es: »Der Charakter der meisten Katzen ist ein Gemisch von

Besonnenheit, List, Blutgier und Tollkühnheit; viele werden rückhaltlos zahm, doch brechen oft ihre natürlichen Eigenschaften unvermutet wieder durch.« Dagegen wird im *Illustrierten Konversations-Lexikon der Frau* aus dem Jahr 1900 ein völlig anderer Ton angeschlagen: »Unsere Hauskatze ist fast über die ganze Welt verbreitet und überall zu finden, wo civilisierte Menschen wohnen.« Dann prangert das Lexikon die oft falsche Behandlung der Katze durch den Menschen an. Wenn also ein fehlerhaftes Verhalten der Katze vorliegt, »so trägt hieran fast immer der Besitzer die Schuld«. Weiter wird in diesem Lexikon ein Loblied auf die Reinlichkeit der Katze und ihre vorbildliche Aufzucht der Jungen gesungen.

Wie kam es zu diesen gegensätzlichen Urteilen über die Katze, zu einer geradezu unvereinbaren Bewertung dieses Tieres aus männlicher und weiblicher Sicht? Wie erklärt sich die enge Beziehung zwischen Frauen und Katzen, die in allen Zeiten offensichtlich ist und in den Texten dieser Anthologie durchgängig als Subtext aufscheint?

Die Katze wurde von Beginn ihrer Domestikation an immer als »Drinnen-Tier« gehalten, das nicht nur in den Ställen und Speichern, sondern auch in den Wohn- und Schlafräumen des Hauses Mäuse zu jagen hatte. Dagegen war der Hund, das viel ältere Haustier des Menschen, ein »Draußen-Tier«, das nicht ins Haus gelassen wurde, sondern den Mann aufs Feld oder zur Jagd begleitete und nachts Haus und Hof außen zu bewachen hatte. Ein Text aus dem dreizehnten Jahrhundert beschreibt diese Zuweisung unterschiedlicher Lebensräume für Hund und Katze: »Freundlich sind weder der eine noch die andere, aber die Katze ist dem Menschen näher, denn sie darf eher als der Hund auf dem Bett ihres Herrn schlafen. Sie ist dazu geschaffen, das Haus ihres Herrn von innen zu behüten, und hat größere Freiheit als der Hund, vom Dachboden bis zum Keller durch alle Zimmer zu laufen, denn der Hund darf nicht in die Wohnung, sondern muss draußen vor der Tür bleiben oder aufs Feld mitkommen, wenn es nötig ist.«

Die Katze war also die Behüterin der Lebensmittelvorräte und Jägerin der Ratten und Mäuse im Haus, somit dem hauptsächlichen Wirkungsbereich der Frau zugeordnet, während der Mann auf dem Feld und bei der Jagd vom Hund begleitet wurde. So begann die enge Beziehung zwischen Katzen und Frauen bereits vor Jahrtausenden und dauert bis heute an. Zwei Beispiele aus der Kulturgeschichte sollen hier genügen, um den besonderen Status der Beziehung zwischen Frauen und Katzen zu konkretisieren.

Der früheste (und bemerkenswerteste) Trauertext über eine Katze stammt aus der Spätrenaissance und wurde von einer Frau geschrieben. 1548 erschien in Italien ein Buch des Augustinermönches und Literaten Ortensio Lando, der in Bologna einem Kreis von Intellektuellen angehörte, die dem reformatorischen Gedankengut des Erasmus von Rotterdam nahestanden: *Unterhaltsame Reden zum Tode verschiedener Tiere, in denen man bei neugieriger Lektüre die Schärfe des Geistes vieler edler Schriftsteller bewundern kann* lautet der imposante Titel dieses erstaunlichen Werkes. In ihm ist auch der Text einer heute leider gänzlich unbekannten Donna Fiore aus der Stadt Empoli abgedruckt, eine Rede, die diese vor einigen Freundinnen anlässlich der Beerdigung ihrer Katze gehalten hat. Eine kurze Passage aus der umfangreichen Rede soll einen Eindruck von der Intensität der Beziehung zwischen Donna Fiori zu ihrem Kater vermitteln: »Der Himmel gab mir als Lichtblick in meinem Witwenstand einen schönen und flinken Kater; aber zu meinem großen Schmerz hat ihn mir der neidische Tod geraubt. O was für ein schmerzlicher Verlust war dies für mich! Der Tod meines Gatten hat mich nicht so betrübt, wiewohl er sein eheliches Amt verdienstvoll versah. Mein treuer Kater zerstreute mich auf tausenderlei süße Arten. Jeder liebte ihn wegen seiner Anmut und hielt ihn in Ehren. ... O weh, ich Unglückliche, wieviel Überheblichkeit werden sich die Mäuse in Zukunft erlauben! Ach, wie verbunden ich mich seiner Geschicklichkeit fühle, durch die ich mich zu jeder Jahreszeit fröhlich an Wachteln, Lerchen, Rebhühnern und Fasanen erfreuen konnte!

Was soll ich nun tun, ihr lieben Damen, um solch wertvolle Dienste zu würdigen? Zur Stunde weiß ich nichts Besseres, als ihn feierlich in dieses schöne Grab zu legen, das ihr hier mit kundigem Meißel graviert seht, und schließlich euch zu danken, ihr lieben Damen, die ihr den Spinnrocken und die Garnwinde beiseite gelegt habt, um den heitersten Kater zu ehren, den je eine edle Dame besaß. Dies wollte ich sagen.«

Dieser inzwischen fast ein halbes Jahrtausend alte Text enthält alle wesentlichen Elemente einer rituellen Trauerfeier, wie sie heute noch üblich ist: Würdigung der Lebensleistung des Verstorbenen, Ausdruck der Trauer der Hinterbliebenen, Unterbringung des Leichnams in einer künstlerisch gestalteten Grabstätte im Rahmen einer Trauerzeremonie, an der Verwandte, Freunde und Bekannte des Verstorbenen teilnehmen. Vergleichbare Trauerakte von männlichen Hinterbliebenen einer Katze sind erst aus wesentlich späterer Zeit bekannt.

In der Kunstwissenschaft zählt das Bild *Porträt des Katers Armellino* zu den bedeutendsten Beispielen im Genre der Katzenmalerei. Bei allen vorherigen Katzengemälden wurde nicht das individuelle Wesen einer Katze gezeigt, sondern das kollektiv Typische der Feliden dargestellt. Das undatierte Bild von Giovanni Reder stammt vermutlich aus der Mitte des achtzehnten Jahrhunderts. (Abbildung auf Seite 160) Es zeigt Armellino, den Kater der römischen Dichterin Alessandra Forteguerra, die das Gemälde in Auftrag gegeben hat. Der schwarzweiße Kater trägt ein elegantes Glöckchenhalsband und sitzt auf einem großen, weichen Kissen. Rechts neben ihm an dem schweren Fransenvorhang ist ein Sonett angebracht, das von dem Priester und Dichter Sperandio Bertazzi stammt und überschrieben ist: *Sonett anlässlich eines Kusses, den eine schöne und hochgestellte Dame einem Kater gab*. So frivol wie sein Titel ist, beginnt auch das Sonett: »Dieser liebenswerte Kater, eingemeißelt in die Leinwand, | kostete den liebevollen Kuss der schönen Göttin. | Und seitdem nach der Natur ein Porträt von ihm gefertigt wurde, | bewacht man ihn gut und sehr eifersüchtig.« Die Liebe der Dichterin zu ihrem Kater muss wirklich sehr groß gewesen sein, denn Bertazzi schließt das Sonett mit den Zeilen: »Und wisse, dass Amor es nur mir gestattet, | innig zu küssen und den gegebenen | liebevollen Kuss aufzunehmen, um die Leidenschaft zu vertiefen.«

Diese Anthologie thematisiert nicht allein das Verhältnis von Frauen zu Katzen. Denn in den ausgewählten Erzählungen und Tagebuchtexten, Briefen und Romanauszügen, Erinnerungen und Phantasien wird in wilden Ausuferungen und alle Richtungen fabuliert und beobachtet, erinnert und spekuliert, geliebt, gemordet und über die letzten Dinge nachgedacht. Die Summe der Stimmen aus fast zwei Jahrhunderten ergibt zum ersten Mal in der Gestalt *eines* Buches ein vielschichtiges Bild von dem komplexen Beziehungsgeflecht zwischen Katzen und Frauen.

Weiß vielleicht die Katze, warum gerade diese Anthologie von einem Mann herausgegeben worden ist?

Detlef Bluhm

Quellennachweise

Margaret Atwood
Unser Kater kommt in den Himmel, S. 152
Aus: Margaret Atwood, Das Zelt. Aus dem Englischen von Malte Friedrich. © Berlin Verlag, Berlin 2006.

Sylvia Beach
Joyce hatte Katzen gern um sich* [Auszug], S. 101
Aus: Sylvia Beach, Shakespeare and Company – Ein Buchladen in Paris. Aus dem Amerikanischen von Lilly v. Sauter. © Suhrkamp Verlag Frankfurt am Main 1982.

Elisabeth Castonier
Die Katzen von der Mill Farm* [Auszug], S. 129
Aus: Elisabeth Castonier, Mill Farm. © 1973 F. A. Herbig Verlagsbuchhandlung GmbH, München.

Colette
Nonoche, S. 51
Aus: Colette, Friede bei den Tieren. Aus dem Französischen von Erna Redtenbacher und Helene M. Reiff. © Paul Zsolnay Verlag Wien 1931 und 1953.

Eva Demski
Aus meiner Katze ist die Mordlust gewichen, S. 147
Aus: Eva Demskis Katzenbuch. © Frankfurter Verlagsanstalt GmbH, Frankfurt am Main 1992.

Mary und Charlie Dickens
Die Katze macht das Licht aus*, S. 105
Aus: Mary und Charlie Dickens. Unser Vater Charles Dickens. Aus dem Englischen von Alexander Pechmann. © Aufbau Verlag GmbH & Co. KG, Berlin 2011.

Hilde Domin
Die andalusische Katze, S. 18
Aus: Hilde Domin, Autobiographische Schriften. © S. Fischer Verlag GmbH, Frankfurt am Main 1993.

Anne Frank
Katzen und Politik* [Auszug], S. 113
Aus: Anne Frank, Tagebuch. Einzig autorisierte und ergänzte Fassung Otto H. Frank und Mirjam Pressler. Aus dem Niederländischen von Mirjam Pressler. © 1991 by ANNE FRANK-Fonds, Basel. Alle Rechte vorbehalten S. Fischer Verlag GmbH, Frankfurt am Main.

Marlen Haushofer
Sie beharren auf ihrer Freiheit* [Auszug], S. 9
Aus: Marlen Haushofer, Die Wand. © 1968 Claassen Verlag in der Ullstein Buchverlage GmbH, Berlin.

Patricia Highsmith
Mings größte Beute, S. 61
Aus: Patricia Highsmith, Kleine Mordgeschichten für Tierfreunde/ Kleine Geschichten für Weiberfreunde. Aus dem Amerikanischen von Melanie Walz. Copyright © 2004 Diogenes Verlag AG Zürich.

Sarah Kirsch
Katzenleben, S. 98
Aus: Sarah Kirsch, Sämtliche Gedichte. © 2005, Deutsche Verlags-Anstalt, München, in der Verlagsgruppe Random House GmbH.

Brigitte Kronauer
Über das Wesen der Katze* [Auszug], S. 109
Aus: Brigitte Kronauer, Rita Münster. Roman. © Klett-Cotta, Stuttgart 1983.

Katja Lange-Müller
O Gott, die Katze ..., S. 155
Aus: Jonas Maron, Was weiß die Katze vom Sonntag? Nicolai Verlag, Berlin 2002. © Katja Lange-Müller. Abdruck mit freundlicher Genehmigung der Autorin.

Doris Lessing
Katzen im Hochmoor* [Auszug], S. 23
Aus: Doris Lessing, Doris Lessings Katzenbuch. Aus dem Englischen von Ursula von Wiese / Manfred Ohl / Hans Sartorius / Hans J. Schütz. © 1967 Doris Lessing Productions Ltd. / © 1989 Michael Joseph Ltd., London / © 1998 Doris Lessing. Klett-Cotta, Stuttgart 1999.

Rosa Luxemburg
Briefe aus dem Gefängnis* [Auszug], S. 114
Zusammengestellt aus: Charlotte Beradt (Hrsg.), Rosa Luxemburg im Gefängnis. © S. Fischer Verlag, Frankfurt am Main 1973, und Rosa Luxemburg, Briefe aus dem Gefängnis. Dietz Verlag, Berlin 1989.

Ella Maillart
Mit Ti-Puss in Raipur* [Auszug], S. 43
Aus: Ella Maillart, Ti-Puss – Mit einer Katze in Indien. © Edition Ebersbach, Berlin 1998.

Irmtraud Morgner
Für die Katz [Auszug], S. 58
Aus: Irmtraud Morgner, Hochzeit in Konstantinopel. Luchterhand Verlag, Frankfurt am Main 1979. © David Morgner. Abdruck mit freundlicher Genehmigung.

Joyce Carol Oates
Niemand kennt meinen Namen, S. 77
Aus: Ellen Datlow (Hrsg.), Das große Lesebuch der fantastischen Katzengeschichten. Aus dem Amerikanischen von Joachim Körber. Für die deutsche Übersetzung: © Blanvalet Verlag, München 1996.

Christa Reinig
Ein Denkmal für Kolumbus, S. 148
Aus: Christa Reinig, Die himmlische und die irdische Geometrie.
© Eremiten-Presse, Düsseldorf 1975.

Angelika Schrobsdorff
Die Phase mit den herrenlosen Katzen* [Auszug], S. 40
Aus: Angelika Schrobsdorff, Jerusalem war immer eine schwere Adresse. Deutscher Taschenbuch Verlag, München 1991. © Angelika Schrobsdorff.

Edith Sitwell
Er nahm seine Mahlzeit mit den anderen Familienmitgliedern ein* [Auszug], S. 107
Aus: Edith Sitwell, Mein exzentrisches Leben. Aus dem Englischen von Karl A. Klewer. © Frankfurter Verlagsanstalt GmbH, Frankfurt am Main 1989.

Antonia White
Ihr ganzer Körper bebte vor Schnurren* [Auszug], S. 36
Aus: Antonia White, Minka und Löwenherz. Aus dem Englischen von Leonore Schwartz. Für die Originalausgabe: Copyright © The Estate of Antonia White. Für die deutsche Übersetzung: © Insel Verlag Frankfurt am Main und Leipzig 1996.

Christa Wolf
Neue Lebensansichten eines Katers [Auszug], S. 119
Aus: Christa Wolf, Die Lust, gekannt zu sein. Erzählungen 1960-1980. © Suhrkamp Verlag Frankfurt am Main 2008.

Virginia Woolf
Und so kam es, daß ich Romanautorin wurde* [Auszug], S. 99
In: Virginia Woolf, Berufe für Frauen. Aus: Virginia Woolf, Der Tod des Falters. Essays. Hg. von Klaus Reichert. Deutsch von Hannelore Faden. © S. Fischer Verlag GmbH, Frankfurt am Main 1997.

Ingrid Zwerenz
Die nagende Kritik der Katzen* [Auszug], S. 103
Aus: Ingrid Zwerenz, Von Katzen und Menschen – Erfahrungen. S. Fischer Verlag, Frankfurt am Main 1974. © Ingrid Zwerenz. Abdruck mit freundlicher Genehmigung der Autorin.